迈向制造业高质量发展之路

赵昌文　等著

The Road to High-quality Development of Manufacturing Industry

中国发展出版社
CHINA DEVELOPMENT PRESS

图书在版编目（CIP）数据

迈向制造业高质量发展之路/赵昌文等著．—北京：中国发展出版社，2020.11

ISBN 978-7-5177-1150-6

Ⅰ.①迈… Ⅱ.①赵… Ⅲ.①制造工业—产业发展—研究—中国 Ⅳ.①F426.4

中国版本图书馆 CIP 数据核字（2020）第 226867 号

书　　名：迈向制造业高质量发展之路
著作责任者：赵昌文　等
出 版 发 行：中国发展出版社
联 系 地 址：北京经济技术开发区荣华中路 22 号亦城财富中心 1 号楼 8 层（100176）
标 准 书 号：ISBN 978-7-5177-1150-6
经　销　者：各地新华书店
印　刷　者：北京市密东印刷有限公司
开　　本：710mm×1000mm　1/16
印　　张：15.75
字　　数：189 千字
版　　次：2020 年 12 月第 1 版
印　　次：2020 年 12 月第 1 次印刷
定　　价：60.00 元

联 系 电 话：（010）82097226　68990692
购 书 热 线：（010）68990682　68990686
网 络 订 购：http：//zgfzcbs.tmall.com
网 购 电 话：（010）68990639　88333349
本 社 网 址：http：//www.develpress.com
电 子 邮 件：412856903@qq.com

DRC

2020

国务院发展研究中心研究丛书

“迈向制造业高质量发展之路研究”课题组

课题顾问：

隆国强　国务院发展研究中心党组成员、副主任、研究员

课题负责人：

赵昌文　国务院发展研究中心产业经济研究部部长、研究员

课题执行负责人：

杨建龙　国务院发展研究中心产业经济研究部副部长、研究员

课题协调人：

许召元　国务院发展研究中心产业经济研究部副部长、研究员

李　燕　国务院发展研究中心产业经济研究部二级巡视员、研究员

课题组成员：

魏际刚　国务院发展研究中心产业经济研究部研究室主任、研究员

宋紫峰　国务院发展研究中心产业经济研究部研究室主任、研究员

钱平凡　国务院发展研究中心产业经济研究部研究员

周　毅　国务院发展研究中心产业经济研究部助理研究员

刘铁志　中国信息通信研究院政经所研究部主任、高级工程师

周国平　上海市人民政府发展研究中心副主任、一级巡视员

钱　智　上海市人民政府发展研究中心发展处处长

黄佳金　上海市人民政府发展研究中心改革处主任科员

宋　琰　上海市人民政府发展研究中心改革处主任科员

程绪平　绍兴市人民政府办公室副主任

吕　彭　绍兴市人民政府办公室调研三处处长

陈　超　绍兴市人民政府办公室

朱　鸣　绍兴市人民政府办公室

总　序

为决战决胜全面建成小康社会
贡献高端智库更大智慧和力量

马建堂

2020年是全面建成小康社会决战决胜之年和“十三五”规划收官之年。面对突如其来的新冠肺炎疫情，在以习近平同志为核心的党中央坚强领导下，全国人民以习近平新时代中国特色社会主义思想为指导，坚决贯彻落实中央各项方针政策，紧扣全面建成小康社会目标任务，统筹推进疫情防控和经济社会发展工作，迎难而上、奋力拼搏，决战决胜全面建成小康社会，确保如期全面建成得到人民认可、经得起历史检验的小康社会。

小康社会是中华民族对幸福生活的千年期盼，全面建成小康社会是中国共产党的奋斗目标和庄严承诺。党的十八大以来，以习近平同志为核心的党中央顺应我国经济社会新发展和广大人民群众新期盼，提出了全面建成小康社会新的目标要求，赋予了“小康”更高的标准、更丰富的内涵、更全面的要求。全面建成小康社会，是“两个一百年”奋斗目标的第一个百年奋斗目标，是中国共产党向人民、向历史作出的庄严承诺，是中国特色社会主义进入新时代的重大历史任务，也是乘势开启全面建设社会主义现代化国家新征程、实现中华民族伟大复兴中国梦的重要里程碑，具有十分重要的实践意义、历史意义和世界意义。在习近平新时代中国特色社会主义思想指引下，我国决战全面建成小康社会生动展开、决胜在即。

一是经济迈向高质量发展。习近平总书记指出，我国经济已由高速增长阶段转向高质量发展阶段，正处在转变发展方式、优化经济结构、转换增长动力的攻关期。以经济建设为中心是兴国之要，经济迈向高质量发展是全面建成小康社会的重要物质基础。党的十八大以来，我国积极推进一系列体制机制改革和政策创新，大力推动经济发展质量变革、效率变革、动力变革，经济高质量发展取得了显著成效。2012～2019年，我国经济增长平均速度达到7.0%，在世界主要经济体中保持领先，持续成为推动世界经济增长的动力源。2019年，我国GDP达到990865亿元，接近100万亿元，人均GDP按年平均汇率折算达到10276美元，标志着我国经济发展迈上了新的台阶。同时，产业结构持续优化，制造业内部结构升级趋势明显，化解产能过剩取得实效，供给体系质量逐步提高。

二是创新驱动成效显著。习近平总书记强调，创新是引领发展的第一动力。全面建成小康社会，解决我国发展面临的突出短板问题，守住安全底线，提高发展的平衡性、包容性和可持续性，根本的出路唯有实现创新驱动。党的十八大以来，我国持续加大创新资源投入，通过全面深化改革不断释放和激发全社会的创业创新热情，自主创新能力显著增强，创新型国家和人才强国建设取得决定性进展。2012～2019年，全社会研发经费投入从10298亿元增长到21737亿元，7年间翻了一番，目前研发经费支出占GDP比重已达到2.19%，超过欧盟15个初创国家平均水平。持续投入结出了累累硕果，我国在基础研究、前沿技术等领域取得诸多重大突破，产生一批在世界上叫得响、数得着的重大成果。创新对经济社会发展的引领力不断增强，全员劳动生产率稳步提高，2019 年已达到 115009 元/人。科技与经济深度融合，智能制造、无人配送、在线消费、医疗健康等新产业新业态新商业模式持续高速发展，对经济社会发展的支撑作用不断增强，不少领域在全世界处于领先水平，这一点在新冠肺炎疫情暴发期间表现得尤为突出。

三是发展协调性明显增强。习近平总书记指出，现代化建设各个环节、各个方面要协调发展，不能长的很长、短的很短。协调发展是全面建成小康社会的应有之义。从发展目标上说，协调就是要让全体人民共享发展的成果；从发展手段上说，协调就是要扬长避短，既要巩固和厚植原有优势，也要着力破解难题，补齐短板，克服“木桶效应”，从而提高整体发展质量，挖掘发展潜力，增强发展后劲。党的十八大以来，我国一系列重点发展战略举措都体现了协调发展的理念，取得了明显成效。在区域协调发展方面，我国提出了京津冀协同发展、长江经济带发展、粤港澳大湾区建设、长三角一体化发展、黄河流域生态保护和高质量发展等重大战略，持续支持革命老区、边疆地区、贫困地区加快发展，不断缩小地区发展差距。2019 年我国东部地区人均 GDP 是西部的 1.76 倍，比 2012 年下降了 0.08 倍。反映 31 个省区市人均 GDP 不均等程度的基尼系数从 2012 年的 0.237 下降到 2019 年的 0.235。在城乡协调发展方面，着力实施乡村振兴战略，坚持工业反哺农业、城市支持农村和多予少取放活的方针，促进城乡资源均衡配置，加快推进农业农村现代化步伐。2019 年城镇居民人均可支配收入是农村居民的 2.64 倍，比 2012 年明显下降。

四是人民生活水平和质量普遍提高。习近平总书记强调，让老百姓过上好日子是我们一切工作的出发点和落脚点。全面建成小康社会，人民是最终的阅卷人，必须坚持以人民为中心的发展理念，紧紧抓住人民最关心最直接最现实的利益问题。2013～2019 年，我国全年城镇新增就业人数都在 1300 万人以上，在一个有 14 亿人口的大国实现了比较充分的就业。2012～2019 年，我国居民人均可支配收入从 16510 元增长到 30733 元，收入分配差距问题有所缓解，中等收入人口比重持续上升，经济增长和社会发展成果真正被广大人民共享。截至 2019 年底，全国参加城镇职工基本养老保险的有 43482 万人，参加城乡居民基本养老保险的有 53266 万人，参加基本医疗保险的有 135436 万人。作为一个发展中国家，我国建成了全世界覆盖面最广的社会保障网，有效解除了广大人民的后顾之忧。全面小康是惠及全体人民的小康，是没有一个人掉队的小康，其中最艰巨的是打赢精准脱贫攻坚战。习近平总书记多次强调，小康不小康，关键看老乡。2012～2019 年，我国年末贫困人口从 9899 万人减少到 551 万人，连续 7 年年均减贫 1000 万人以上，9000 多万人已经稳定脱贫，贫困发生率从 10.2% 降到 0.6%，脱贫攻坚取得了决定性成就。这是人类减贫史乃至发展史上前无古人的壮举。

五是国民素质和社会文明程度显著提高。习近平总书记指出，只有物质文明建设和精神文明建设都搞好，国家物质力量和精神力量都增强，全国各族人民物质生活和精神生活都改善，中国特色社会主义事业才能顺利推向前进。党的十八大以来，中国梦和社会主义核心价值观深入人心，已经内化为人们的精神取向、外化为人们的自觉行动，成为当代中国精神的集中体现，凝结着全体人民共同的价值追求。随着对教育、卫生等公共事业的持续投入，2018 年我国劳动年龄人口的平均受教育年限达到 10.63 年，人均预期寿命达到 77 岁，国民思想道德素质、科学文化素质、健康素质明显提高，为创建知识型、技能型、创新型劳动者大军提供了坚实人力基础。特别是在2020年初新冠肺炎疫情暴发后，习近平总书记亲自指挥、亲自部署，始终把人民群众生命安全和身体健康放在第一位，带领全党全国人民打响疫情防控的人民战争、总体战、阻击战，并迅速扭转局面，取得疫情防控持续向好态势，有力保障了人民健康安全。

六是生态环境质量总体改善。习近平总书记强调，环境就是民生，青山就是美丽，蓝天也是幸福。良好的生态环境是最公平的公共产品和最普惠的民生福祉，是全面建成小康社会的重要内容，否则，就会影响小康社会的“成色”。党的十八大以来，我国明确实行了最严格的生态环境保护制度，逐步健全了以主体功能区制度为核心，以源头预防、过程控制、损害赔偿和责任追究为主要内容的生态文明制度体系。党的十九大提出要坚决打好污染防治攻坚战，以改善生态环境质量为核心，以解决人民群众反映强烈的突出生态环境问题为重点，围绕污染物总量减排、生态环境质量提高、生态环境风险管控三类目标，全面推进蓝天保卫战，着力打好碧水保卫战，扎实推进净土保卫战，大力开展生态保护和修复，强化生态环境督察执法，保证党中央关于生态文明建设决策部署落地生根见效。由于这些努力，近年来我国环境质量改善速度之快前所未有，生态环境发生了历史性、转折性和全局性的变化。空气质量明显改善。2019年，在监测的337个地级及以上城市中，空气质量达标的城市占46.6%，比最近可比的2015年提高了25个百分点；全国细颗粒物（PM2.5）未达标地级及以上城市的年平均浓度为40微克/立方米，比2015年下降了29.8%。水环境质量明显好转。全国地表水Ⅰ－Ⅲ类水体比例达到70%以上，劣Ⅴ类水体比例控制在5%以内。能源资源消费更加集约。2019年，每万元国内生产总值用能量为0.49吨标煤，比2012年下降了24.5%；每万元国内生产总值用水量67立方米，比2012年下降了38.8%。

七是各方面制度更加成熟更加定型。习近平总书记指出，新时代改革开放具有很多新的内涵和特点，其中很重要的一点就是制度建设分量更重，改革更多面对的是深层次体制机制问题，对改革顶层设计的要求更高，对改革的系统性、整体性、协同性要求更高，相应地，建章立制、构建体系的任务更重。全面小康是我国近现代发展史上的一次重大历史变革，其建成、巩固以及在此基础上开启我国社会主义现代化国家建设新征程，都要依靠沿着正确方向深化改革形成的成熟定型的国家制度和国家治理体系。党的十八届三中全会开启了全面深化改革、系统整体设计推进改革的新时代。近几年来，我国坚持和完善党的领导制度体系、人民当家作主制度体系、中国特色社会主义法治体系、中国特色社会主义行政体制、社会主义基本经济制度、繁荣发展社会主义先进文化的制度、统筹城乡的民生保障制度、共建共治共享的社会治理制度、生态文明制度体系等，主要领域的基础性制度体系基本形成，重要领域和关键环节改革成效显著，按制度办事、依法办事意识普遍提高，运用制度和法律治理国家的能力显著增强，各方面制度优势正不断转化为管理国家的效能，为全面建成小康社会提供了强大制度保障。

在决战决胜全面建成小康社会的宏伟征程中，国家高端智库肩负着光荣而重大的职责使命。今年以来，国务院发展研究中心深入学习贯彻习近平新时代中国特色社会主义思想，深入学习贯彻习近平总书记重要指示批示精神和党中央决策部署，扎实开展“不忘初心、牢记使命”主题教育，不断增强“四个意识”、坚定“四个自信”、做到“两个维护”，党的建设自觉性主动性和初心使命意识进一步增强，为党咨政、为国建言的质量进一步提高，支撑主责主业、服务中央决策的能力进一步提升，政务运转和服务保障工作进一步提效，国际交流合作机制进一步深化，“智库创新工程”带动智库体制机制建设实现新的突破，国家高端智库建设迈上新的台阶。

过去一年，我们围绕经济社会发展全局性、战略性、前瞻性、长期性和重点热点难点问题开展深入研究，推出一大批高质量研究报告，进一步提高了服务中央决策的能力和水平，共完成几十项中央交办重大课题，高质量完成长江三角洲区域一体化、海南自由贸易港制度与政策体系等多项重大研究任务。

呈现在读者面前的这套“国务院发展研究中心研究丛书2020”，就是一年多来中心部分代表性成果的集中展示。本年度丛书计划出版10余部著作，其中包括国务院发展研究中心重大研究课题报告和研究部（所）承担的重点研究课题报告。这也是“国务院发展研究中心研究丛书”自2010年至今连续第11年出版。11年来，丛书累计出书150余种，受到社会各界读者，特别是中央和地方各级领导同志以及政策咨询研究机构工作人员的高度关注和广泛好评，成为我国智库业界的知名出版物。在此，我谨代表国务院发展研究中心和丛书编委会，向广大读者表示真诚的感谢，希望丛书继续得到领导、专家、读者们的关心、指导和帮助。

当前，我国正站在一个开启全面建设社会主义现代化国家伟大征程的新起点上。国务院发展研究中心将更加紧密地团结在以习近平同志为核心的党中央周围，继续深入学习习近平新时代中国特色社会主义思想，全面贯彻党的十九大和十九届二中、三中、四中全会精神，不忘初心、牢记使命，唯实求真、守正出新，持续提高综合研判和战略谋划能力，加快智库体制机制创新，着力深化国际交流合作，奋力开拓国家高端智库建设新局面，为推进国家治理体系和治理能力现代化、决战决胜全面建成小康社会、实现“十三五”完美收官和“十四五”顺利开局、向第二个百年奋斗目标进军，贡献更大的智慧和力量！

2020 年 8 月 17 日

（作者为国务院发展研究中心党组书记、研究员）

前 言

十九届五中全会指出，当前和今后一个时期，我国发展仍然处于重要战略机遇期，但机遇和挑战都有新的发展变化。全党要统筹中华民族伟大复兴战略全局和世界百年未有之大变局，深刻认识我国社会主要矛盾变化带来的新特征新要求，深刻认识错综复杂的国际环境带来的新矛盾新挑战，增强机遇意识和风险意识，立足社会主义初级阶段基本国情，保持战略定力，办好自己的事，认识和把握发展规律，发扬斗争精神，树立底线思维，准确识变、科学应变、主动求变，善于在危机中育先机、于变局中开新局，抓住机遇，应对挑战，趋利避害，奋勇前进。加快构建以国内大循环为主体、国内国际双循环相互促进的新发展格局，正是根据我国发展阶段、环境、条件变化作出的战略决策，是事关全局的系统性深层次变革。以新发展格局理论为指导，科学谋划和准确锚定制造业高质量发展的政策方向，对推动“十四五”及更长一个时期我国经济发展再迈上一个新的大台阶具有十分重要的意义。

一、认识、适应和引领新发展格局对推动制造业高质量发展意义重大

我国进入新发展阶段后必须坚定不移贯彻新发展理念，统筹发展和安全，加快构建新发展格局。“十四五”时期，我国将进入新发展阶段。这个新发展阶段是建立在决胜全面建成小康社会取得决定性成

就上的发展阶段，是统筹中华民族伟大复兴战略全局和世界百年未有之大变局的发展阶段，是以推动高质量发展为主题、以深化供给侧结构性改革为主线的发展阶段，是以改革开放创新为根本动力、以满足人民日益增长的美好生活需要为根本目的的发展阶段，也是制度建设、治理效能、物质基础、人力资源、市场潜力等多方面优势和条件更加充分发挥的发展阶段。新发展阶段面临着新的发展环境，要奔向新的发展目标，就需要有新的理论指导。一方面，必须坚定不移贯彻以“创新、协调、绿色、开放、共享”为主要内容的新发展理念，紧紧依靠深层次改革、高水平开放和高质量创新来解决仍然突出的发展不平衡不充分问题，在更短的时间内把各类短板弱项补上来，在更长的周期中把多种长板强项维持住，把自己的事切实办好。另一方面，一定要更好统筹发展和安全的关系，注重发挥国内超大规模市场优势和内需潜力，注重关键核心技术的自主可控，把市场优势真正转化为产业优势和技术优势，增强抵御各种外部风险挑战的能力，岿然不动立于不败之地。唯有如此，才能在新发展阶段中不断提高贯彻新发展理念、构建新发展格局的能力和水平，为实现高质量发展提供根本保证，以实现更高质量、更有效率、更加公平、更可持续、更为安全的发展。

适应和引领新发展格局是推动制造业高质量发展的战略选择。习近平总书记指出，“实体经济是基础，各种制造业不能丢”①。制造业是经济高质量发展的主体，对满足人民日益增长的美好生活需要具有关键基础性作用，同时也是国际竞争的主要阵地，体现着一个国家特别是大国的综合国力。制造业的高质量发展，毫无疑问是在全面建成小康社会基础上，乘势开启全面建设社会主义现代化国家新征程的关

① 习近平：“国家中长期经济社会发展战略若干重大问题”，《求是》第21期，2020年11月1日。

键战略支撑。进入新发展阶段后，国内外环境和条件还将继续出现快速且巨大的变化，我国制造业高质量发展面临着新的机遇，产业规模优势、配套优势和5G、新能源、新能源汽车等重要领域的先发优势前所未有，科技、人力、数据等关键资源的丰富程度前所未有，商业模式创新、新兴产业生态构建的速度之快前所未有。但同时，制造业高质量发展也面临着很多更为直接、巨大的冲击，这对尽快突破一批关键核心技术、营造更加良好的营商环境、维持全球产业链供应链的稳定都提出了新的更高要求。一句话，制造业的高质量发展要以充满活力的国内大循环为基础，通过国内国际双循环相互赋能，不断巩固和增强竞争新优势。

二、新发展格局视角下实现制造业高质量发展要抓住两大关键、八个重点

以更高质量的国内经济大循环为出发点和落脚点。一是努力提升供给体系对国内需求的适配性。通过持续深化产业结构调整和产业升级，补齐基础能力短板，提升产业链供应链现代化水平，推动传统产业高端化、智能化、绿色化转型发展，加快发展战略性新兴产业和现代服务业，优品种、提品质、强品牌，大力提高供给质量，更好满足人民日益增长的美好生活需要特别是消费升级的需求。二是贯通生产、分配、流通、消费的循环。通过打造及时精准匹配需求的高质量生产体系，健全体现效率、公平和收入稳定增长的分配机制，构建低成本、高效率的流通体系，营造以信任为核心、轻松便捷、富有活力的消费环境，加快形成更高水平的产业循环和市场循环。三是促进行业报酬结构的再平衡。通过促进房地产市场平稳健康发展和构建创新友好型金融体系，提升金融服务实体经济的能力和水平，吸引更多优质要素向制造业特别是先进制造业集聚。四是发挥超大规模市场优势

和内需潜力提升产业链安全性稳定性和竞争力。“要着力打造自主可控、安全可靠的产业链、供应链，力争重要产品和供应渠道都至少有一个替代来源，形成必要的产业备份系统”①，重点是依托国内循环，通过更好实施首台（套）、首批次等创新风险分担政策，为“卡脖子”关键核心技术、装备、软件等的突破和升级迭代提供市场机会。

以更高水平的国内国际双循环相互促进构筑全球合作竞争新优势。一是将外循环深度嵌入内循环之中。以国内大循环吸引全球要素资源，重点满足制造业高质量发展对高端要素、稀缺资源以及关键核心技术和服务发展的需求，进而螺旋式上升持续提高国内国际双循环的水平。二是坚持产业链全球布局的效率逻辑和市场逻辑。全方位、宽领域、多层次地继续深度参与和引领全球价值链分工体系，不断巩固增强“中国制造”的综合配套优势和质量效率优势，在全世界叫响“中国品牌”。三是努力维持提高全球产业链供应链的稳定性。建设更高水平开放型经济新体制，维护以世界贸易组织为基石的多边贸易体制，完善全球经济治理规则，推动建设开放型世界经济，以开放发展维护供应链安全，努力构建开放、包容、多元、平衡、共赢的制造业产业链供应链，既满足中国自身发展需要，同时也更好地造福各国人民。四是进一步深化国际交往合作。通过高质量引进来和高水平走出去，完善创新链，优化供应链，提升价值链，通过构建更为开放的国内国际双循环，增强我国制造业国际竞争力。

三、主要政策取向

充分释放改革、开放、创新三大动力。改革重点是破除制约制造业高质量发展的体制机制障碍，畅通要素自由流动、提高要素配置效

① 习近平：“国家中长期经济社会发展战略若干重大问题”，《求是》第21期，2020年11月1日。

能，调动各方面的积极性，增强发展动力和活力。尤其要充分发挥市场在资源配置中的决定性作用，建立一视同仁、公开透明的市场准入与退出机制，推进土地、劳动力、资本、技术、数据等要素市场化改革，完善有利于新产业、新业态、新商业模式发展的制度环境，强化市场竞争的机制建设和法律保障。开放要聚焦利益交融的高水平、战略性开放。推动规则、规制、管理、标准等制度型开放，完善外商投资准入前国民待遇加负面清单管理制度，充分发挥各类开放平台的作用，用市场和资本的力量促进融合、合作，引导外资更多投向先进制造业、现代服务业领域，实现互利共赢。创新要聚焦打好关键核心技术攻坚战。坚持创新在我国现代化建设全局中的核心地位，强化国家战略科技力量，健全社会主义市场经济条件下新型举国体制，强化企业科技创新主体地位，进一步加大重大科研项目联合攻关力度，深入推进科技体制改革，大力激发各类人才的创新活力，着力构建关键产业、关键产品安全可控的生产体系。

发挥超大规模市场优势和内需潜力。重点要破除制约超大规模市场优势有效转化成为产业优势和技术优势的体制机制障碍。受目前的行业管理体制、招投标制度尚不健全等多种因素影响，我国超大规模市场对新技术、新产品的迭代优势发挥得还不够充分，甚至是“看得见”“摸不着”。这是长期以来都存在的问题，要从提升行业监管容忍度、改革招投标制度、开展高水平示范应用、加大金融有效支持、深化国资国企改革等方面，尽快推动“卡脖子”领域新技术、新产品的大规模市场应用，加快推动新兴产业领域中新技术、新产品的先导性部署应用，在持续促进高质量科研成果涌现的同时努力解决成果转化、市场应用“最后一公里”的问题，通过超大规模市场优势和内需潜力的发挥，真正形成技术创新—市场应用相互促进、持续迭代的良性循环，尽快补足短板，持续拉长长板。

持续优化市场化法治化国际化营商环境。重点是要建设高标准市场体系，充分发挥市场竞争机制在促进创新和优质产品脱颖而出中的重要作用。强化竞争政策的基础性地位，健全公平竞争审查机制，实施统一的市场准入负面清单制度，继续放宽准入限制，加强反垄断和反不正当竞争执法司法，从“进门”到“出门”的全过程都做到公开公正公平。加快全国统一市场建设，坚持平等准入、公正监管、开放有序、诚信守法，尽快形成高效规范、公平竞争的国内统一市场，依法平等保护国有、民营、外资等各种所有制企业产权、知识产权和自主经营权，为各类所有制主体营造公平、透明、法治化、可预期的发展环境。完善监管执法体系，严格市场监管、质量监管、安全监管、环境监管、知识产权监管，规范执法行为，加强违法惩戒，健全以社会信用为核心的管理和监督机制，进一步规范市场竞争秩序。总之，制造业高质量这棵“大树”只可能在市场化法治化国际化营商环境的“土壤”中成长起来，要以更加良好的营商环境构筑起制造业高质量发展的制度优势。

赵昌文

2020 年 12 月

目 录

总报告

专题报告一

专题报告二

专题报告三

专题报告四

专题报告五

专题报告六

案例一

总报告

推动制造业高质量发展研究

党的十九大作出了我国经济已由高速增长阶段转向高质量发展阶段的重大判断，并明确指出，必须把发展经济的着力点放在实体经济上，显著增强我国经济质量优势，加快建设制造强国。制造业高质量发展是经济高质量发展的重要内容，是全面建成小康社会、建设社会主义现代化国家的关键战略支撑。为此需要根据内外部环境的变化，准确把握制造业高质量发展的内涵与目标要求、主要问题和关键制约，科学规划推动制造业高质量发展的路径与政策。

一、制造业高质量发展是内外部形势变化的战略要求

（一）制造业高质量发展符合工业化后期产业升级的一般规律

从主要国家工业化、现代化的历史经验看，制造业的转型升级和高质量发展贯穿了整个工业化的历史进程，特别是进入工业化中期以后，随着经济发展和收入水平的提高，制造业一般都会经历综合成本上升的压力，这时只有通过产业结构调整和产业升级实现向价值链高端的攀升。历史经验表明，那些成功实现了产业升级和高质量发展的

国家和地区，最终都顺利进入了高收入国家的行列，比如历史上的美国、日本、韩国等；也有一些产业升级不成功或过早去工业化的国家，尚徘徊在高收入国家之外，甚至有些达到高收入国家标准后又出现了反复，比如巴西、阿根廷等。因此，从根本上说，制造业的升级和高质量发展关系到一国经济持续发展、收入水平提高和现代化的全局。我国自 2012 年前后进入工业化后期，2013 年以来的几年中，中央结合我国经济形势变化先后提出“三期叠加”（2013），认识、适应和引领经济“新常态”（2014），供给侧结构性改革（2015），深化供给侧结构性改革（2016），推动高质量发展（2017）等重大判断和战略部署，这是适应我国经济发展阶段变化、社会主要矛盾变化和全面建成小康社会、全面建设社会主义现代化国家的必然要求。按照世界银行 2019 年修订的标准，人均国民总收入（GNI）超过 12375 美元的属于高收入国家，2019 年我国 GNI 约为 9949 美元，有望在“十四五”期间实现向高收入国家的跨越。推动制造业转型升级和高质量发展，是我国迈向工业化新阶段的必由之路。

（二）内在支撑条件变化和消费升级驱动我国制造业向高质量发展转型

我国自 2010 年开始持续保持全球第一制造业大国地位，然而在规模快速增长的同时，也出现一系列结构性矛盾和问题。比较突出的是创新能力不强，产业结构不合理，低端产能过剩，高端、高质量产品和服务发展不足，难以满足居民消费升级的需求。与此同时，随着经济发展内在支撑条件的变化，进一步形成了对制造业转型升级、高质量发展较强的倒逼机制。

我国制造业低成本的比较优势日趋弱化。一是人口数量红利逐步消失。根据国家统计局的数据，我国年新增劳动年龄人口（15～64岁）数量自2011年开始下降，2014年劳动年龄人口绝对数开始减少。人口抚养比在2010年降到最低点，即人口红利的拐点，此后一路攀升，从2010年的34.2%升至2018年的40.4%（见图1）。劳动力供求关系的变化导致我国制造业平均工资持续上涨。从2012年的41650元，升至2018年的72088元。

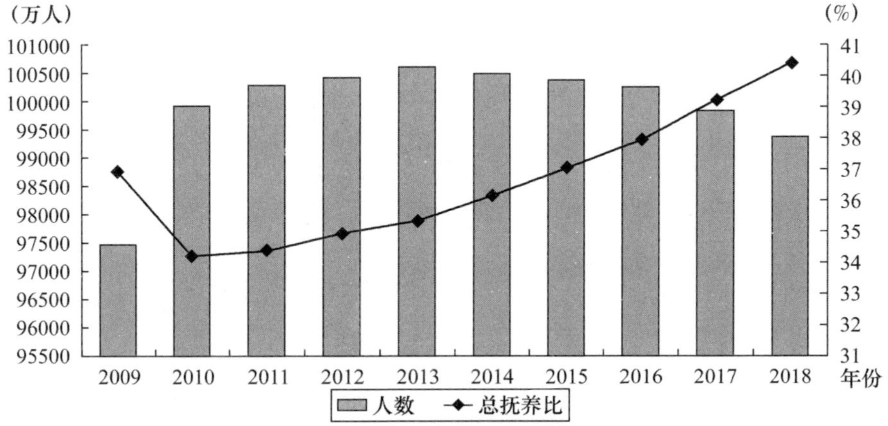

图1　2009～2018年我国劳动年龄人口与总抚养比变化

资料来源：中国统计年鉴。

根据国际劳工组织的数据，2000～2017年我国实际工资平均增长率为8.2%，高于印度（5.5%）、越南（6%）、印度尼西亚（4.2%）等新兴经济体的水平。其中2008年至2017年我国平均实际工资几乎翻了一番，呈现显著且持续上升的趋势（见图2）。

二是工业地价持续上涨。根据全国城市地价监测系统数据，2009～2018年，我国工业用地价格全国平均值从2009年的597元/平方米，上涨至2018年的834元/平方米。其中，东、中、西部工业地价不均衡，2018年第一季度东部地区工业用地价格约为1500元/平方米，接

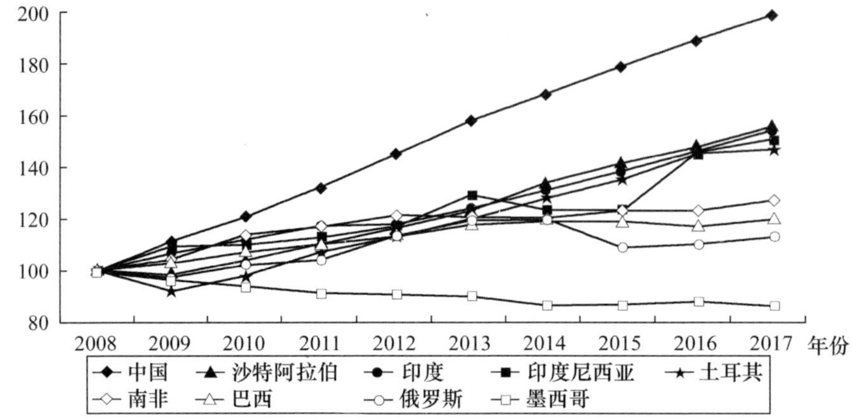

图 2 2008～2017 年 G20 新兴国家平均实际工资指数

资料来源：国际劳工组织。

近全国平均工业地价的 1.7 倍。随着可供开发的工业用地空间日益减少，工业用地价格仍将保持上涨趋势，并将进一步倒逼制造业升级和高质量发展（见图 3）。

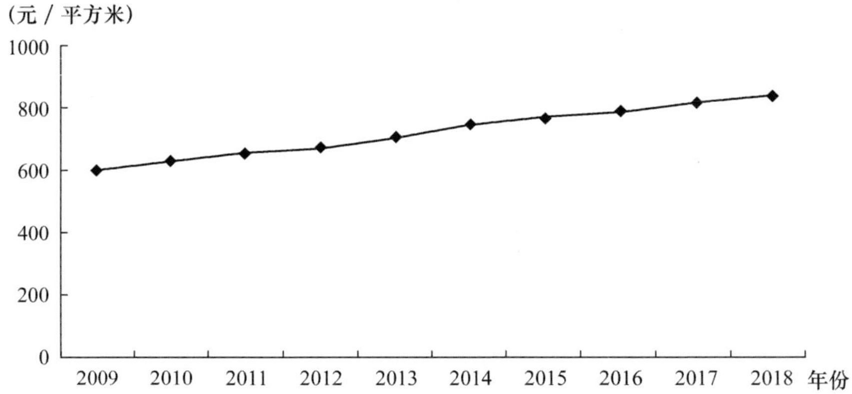

图 3 2009～2018 年我国平均工业用地价格变化

资料来源：中国地价信息系统监测网/中国土地资源数据库。

与此同时，我国基于创新和人力资本新的比较优势正在孕育形成。我国研发经费投入逐年上升。2019 年，研发经费总投入超过 2 万亿元，总量居世界第二位，占 GDP 的 2.19%，超过欧盟最发达的 15 国平均水平（2.13%）；根据世界知识产权组织发布的报告，我国的创新指数排名由2012年的第34位跃升至2019年的第14位，是前15名里唯一的发展中国家。近年来我国高素质人才供给充裕。2005～2020年，我国高校应届毕业生总人数超过1亿，超过了德国的人口规模。劳动力等综合成本上升是工业化中后期很多国家都经历过的一般规律，没有劳动力成本的上升，就不会有向高收入国家的转型。对于工资水平较低的国家，往往缺乏采用新技术的动力，恰恰是劳动力变得昂贵时，才为新技术的发明和应用创造了条件，我国目前正处于比较优势动态转换的窗口期，已经形成产业升级和高质量发展较强的倒逼机制。

居民消费升级对制造业高质量发展提出内在要求。近年来我国中等收入群体快速兴起，目前已经超过4亿人，预计“十四五”时期将继续保持快速增长。根据国际经验规律，人均国民总收入超过1万美元后，将进入消费升级较为剧烈的时期，特别是高品质、高端化、多元化的产品和服务消费将快速增长，居民消费结构和层次的提高将直接推动制造业转型升级。

（三）全球新一轮工业革命深入拓展为我国制造业高质量发展带来历史性机遇

从历史上看，每一次工业革命都带来了新的通用性技术扩散应用和生产方式变革的重大机遇，为制造业迈向更高质量的发展奠定了基础。世界制造业发展的历史，也是一部工业革命推动产业升级和高质量发展的历史。18世纪60年代后期开启的第一次工业革命中，蒸汽动力技术的创新应用，催生了机器大生产的生产组织方式，推动制造业进入“机械化”的工业1.0时代，生产力得到巨大飞跃。Crafts（1985）的评估显示，第一次工业革命使英国劳动生产率从1700～

1760 年的 0.3% 增加到 1831 ~ 1860 年的 1.0%。[①] 19 世纪 70 年代在第二次工业革命中，电力的发明和广泛应用，促进了电机的进步，工业生产的自动化程度显著提高，出现了流水作业的模式。以美国福特汽车公司为例，其创造的大规模流水线生产方式，人均效率达到了其他公司的 47 倍。第二次工业革命使得机器制造代替棉纺织成为增加值最大的制造业部门，制造业进入以“电气化”为特征的工业 2.0 时代。到 20 世纪 20 年代，民用电力网络的扩展，使得洗衣机、电冰箱、电饭煲、空调器等家用电器进入美国寻常家庭，家庭进入电气化时代。20 世纪 70 年代的第三次工业革命中，计算机、半导体、软件等信息技术的创新应用推动制造业进入以“信息化”为特征的工业 3.0 时代。生产系统的数控化程度和效率更高，美国经济部门小时产出年均增长率从 1970 ~ 1995 年的 1.68% 增长到 1996 ~ 2000 年的 2.98%，30 年间提高了近一倍，2000 ~ 2005 年更是达到了近 3.4% 的水平。[②] 当前正在深化拓展的新一轮工业革命以制造业数字化、网络化、智能化为主线，以人工智能、生物、新材料、新能源等多领域集成创新为动力，正在推动制造业进入“智能化”的工业 4.0 时代。埃森哲咨询公司预测，人工智能作为一种全新的生产要素，有望将美国、英国、德国、日本等国家 2035 年的劳动生产率最高提升 40%。[③] 波士顿公司则预计未来 5 ~ 10 年内，工业 4.0 技术的应用将使德国制造业整体生产率提升 5 到 8 个百分点。[④] 新一轮工业革命对正处于人力成本上升、传统要

---

① Crafts, N. F R. English Workers' Real Wages During the Industrial Revolution: Some Remaining Problems. Journal of Economic History, 1985.

② 杜传忠、郭美晨：“第四次工业革命与要素生产率提升”，载于《广东社会科学》2017 年第 5 期。

③ 埃森哲：《人工智能改写经济增长模型》，2017 年。

④ 波士顿：《工业 4.0，未来生产力与制造业发展前景》，2016 年。

素投资回报率递减的中国制造业来讲，是一个发展方式转变和新旧动能转换的重要机遇，有利于推动制造业质量变革、效率变革、动力变革，走上创新驱动的高质量发展道路。

（四）推动制造业高质量发展是妥善应对中美经贸摩擦背景下产业竞争的客观要求

全球产业竞争格局的形成与重构本质上是大国经济发展和竞争博弈的结果。如果放到中国经济发展的历史长河中去考察，中美经贸摩擦，是具有许多新的历史特点的伟大斗争的组成部分，是决胜全面建成小康社会和开启全面建设社会主义现代化国家新征程中无法绕过的关口。中美经贸摩擦很可能是一场持久战，或将伴随中国的整个现代化进程（赵昌文，2019）。

2018 年版美国国防战略报告提出，“国家间的战略竞争现在是美国国家安全的首要问题”，“经济安全是国家安全的基础，就是国家安全”，明确将中国定义为长期的“战略竞争对手”，是“挑战美国的实力、影响和利益，企图侵蚀美国的安全和繁荣”的国家。站在大国产业竞争的视角，中美经贸摩擦本质上是随着中国制造业向高端化升级，中美由互补合作逐渐转向战略竞争引起的。透视美国对华制造业竞争打压的五个维度：一是贸易战遏制制造业出口。美对华首批加征 25% 关税的商品主要针对我国十大高端制造领域，全部涉税商品范围最多时达 5400 亿美元，几乎覆盖绝大多数制造业领域。二是高技术领域投资和出口限制。2018 年美国《外国投资风险评估现代化法案》（FIRRMA）、《出口管制改革法案》（ECRA）从法律规定、组织机构权力范围、监管规则等方面极大强化了对外国投资交易和高技术出口（特别是来自中国的投资和对华技术出口转让）的管制，并利用瓦森纳协定强制联合其他国家加强对中国所谓敏感技术出口的限制。三是通过扩充实体清单精准打击我国科技企业。美国将我国5G、人工智能、高性能计算、新能源、先进制造等领域一批高技术企业和机构列入限制技术和产品出口的实体清单，对华为等高科技企业实施技术、市场等多方位遏制打压。四是试图把产业链赶出中国。贸易摩擦引发的贸易和投资转移效应加速了我国制造企业产能外迁。2018年以来，为规避关税或应下游品牌厂商要求，对美出口企业向越南、马来西亚、墨西哥等地外迁的数量明显增多。根据课题组委托深圳证券交易所对1248家上市公司的问卷调查，当年进行过海外投资的公司数量2019年有明显增长，2016~2019年分别为32家、34家、37家和80家，共计169家[①]。五是重构国际经贸规则限制我国制造业追赶步伐。2017年底以来，以美国为主导，美欧日三方针对世界贸易组织（WTO）改革连续7次进行高级别磋商并发表联合声明，就与WTO相关的市场化改革、国有企业、产业补贴等问题，以及数字经济和服务贸易新规提出意见，表面上是创造一个公平的竞争环境，实质是通过新的改革措施，在经贸规则上继续处于有利地位，限制包括中国在内的发展中国家使用产业政策手段支持本国产业崛起。无论是出口打压、投资限制、技术遏制，还是产业链竞争、规则重构，其最终目的是阻滞中国向产业价值链高端升级。如今的中国制造业已别无选择，唯有加快升级突围，加快提升核心技术能力，推动高质量发展，在不断增强竞争实力中实现两国产业竞争新的战略平衡。

① 说明：部分公司在多个年份进行海外投资，故而频数总和大于样本总数。

（五）推动制造业高质量发展是积极参与后疫情时代全球产业链重构的主动选择

2020 年以来蔓延全球的新冠肺炎疫情作为一种叠加因素，将加速全球产业链的重构，增大我国产业链外迁的风险。近年来，受综合成本上升、中美经贸摩擦、发达国家大力吸引制造业回流等叠加因素影响，我国制造业部分行业出现了产业链外迁现象。虽然外迁的总体规模仍然较小，但已呈现加速化、高端化、跟随式的特征。2020 年以来新冠肺炎疫情在全球的蔓延加大了世界经济增长的不确定性，4 月份国际货币基金组织（IMF）在最新一期《世界经济展望报告》中表示，世界经济增长正在遭遇 20 世纪 30 年代大萧条以来最严重的打击，预计 2020 年全球 GDP 增长将萎缩 3%，这是大萧条以来，全球第一次面临发达经济体和新兴经济体同时进入衰退。世界经济论坛 5 月份关于“疫情之后全球供应链如何变化”的一份报告指出，疫情暴露了精益制造原则下全球供应链的复杂性和脆弱度。受到封锁的影响，中国主导的若干制造行业的现代供应链问题将进一步置于焦点之下，缺少供应链的弹性造成了严重后果。一个可预见的变化是，全球化公司将在未来分散供应链风险，而不仅仅是依靠单一制造业基地。越南、墨西哥和印度极有可能从中受益。[①] 我们认为，疫情过后全球产业链布局的分散化、区域化，以及供应链近地采购态势会进一步加剧，这对我国作为全球制造业重要集聚中心的地位将是一种削弱。根据我们测算的中国对发达国家出口商品的替代弹性，我国出口商品中，低替代弹性、中替代弹性、高替代弹性的商品数各占 1/3 左右，价值量占比分别为28∶51∶21，以中替代弹性商品为主体。其中，我国的不少大宗

---

① Jesse Lin，Christian Lanng. Here’s how global supply chains will change after COVID – 19. world economic forum，2020 – 05 – 06.

出口产品，如纺织品、食品、化学品的可替代性都较高，容易找到供应链替代地。中美经贸摩擦以来，美国在不少进口商品上已经出现了供应链“去中国化”现象。2019 年，我国对美出口机电产品主要被墨西哥、日本、德国、加拿大和韩国替代；家具、玩具、杂项制品主要被越南、加拿大和中国台湾替代；纺织品主要被越南、印度、孟加拉国和印度尼西亚替代。这说明，我国制造业多数产品可替代性较强，产业链根植性、稳定性和竞争力仍然较弱，尚未形成不容轻易替代的竞争优势。妥善应对后疫情时代产业链外迁风险，一方面，需要发挥我国制造业门类齐全、产业链配套完善，具有规模经济性和效率优势；另一方面，需要加快推动制造业高质量发展，进一步形成更强创新力、更高附加值的产业链，积极参与全球产业链竞争合作，为拓展新的发展机遇奠定基础。

（六）推动制造业高质量发展是全面建成小康社会、建设社会主义现代化国家的关键战略支撑

2020 年是全面建成小康社会的收官之年。按照全面建成小康社会新的目标要求，首先要在提高发展平衡性、包容性、可持续性基础上，达到一定水平的经济指标，即使实现全面建成小康社会目标后，也要保持中高速、平衡协调、质量效益较高的经济增长，才能顺利开启全面建设社会主义现代化国家新征程。这显然离不开制造业的高质量发展和产业迈向中高端的有效支撑。此外，全面小康，主要还要以人民生活水平和质量是否普遍提高为衡量标准。让人们放心的食品药品、清洁的空气和饮用水、生态宜居的环境、较高的收入水平、良好的医疗保障条件以及教育、住房水平等，这些都是人民生活水平和质量提升的重要方面。其中有些需要制造业自身的创新和提升产品、设备、

服务质量去实现，有些需要制造业的绿色发展转型去保障，有些需要制造业劳动生产率的提高才能够实现，比如收入水平的提高。如果做不到制造业的高质量发展，不能真正满足人民日益增长的美好生活需要，全面建成小康社会的成色会打折扣。

党的十九大作出了“在全面建成小康社会的基础上，分两步走全面建设社会主义现代化国家”的战略部署。社会主义现代化国家以现代化经济体系为基础，制造业是实体经济的主体，加快发展先进制造业，以制造业的高质量发展带动现代农业和现代服务业水平提高，有利于建设结构优化、协同发展的现代产业体系，显著增强经济质量优势。社会主义现代化国家意味着科技实力大幅跃升，成为科技强国和创新型国家。制造业一直是创新最集中、最活跃的领域，我国全社会的研发创新90%以上集中在制造业，制造业如果不能向高质量发展转型，持续处于中低端水平，科技创新也就失去了源源不断的动力和市场。社会主义现代化强国也是综合国力和国际影响力领先的国家，需要强大的、高质量发展的制造业提供坚实的物质基础和文化软实力支撑。

二、制造业高质量发展的本质内涵和目标要求

（一）制造业高质量发展的提出

“高质量发展”是在党的十九大报告中首次提出的。报告指出，我国经济已由高速增长阶段转向高质量发展阶段，建设现代化经济体系是跨越关口的迫切要求和我国发展的战略目标。必须坚持质量第一、效益优先，以供给侧结构性改革为主线，推动经济发展质量变革、效率变革、动力变革。必须把发展经济的着力点放在实体经济上，显

著增强我国经济质量优势，加快建设制造强国。

关于高质量发展的内涵，目前尚无统一的定义。国务院发展研究中心“高质量发展的目标要求和战略重点”课题组（2019）认为，高质量发展，是以满足人民日益增长的美好生活需要为目标的高效率、公平和绿色可持续的发展。高质量发展是经济建设、政治建设、文化建设、社会建设、生态文明建设五位一体的协调发展。马建堂（2018）认为，高质量发展是产品和服务高品质的发展，是供给和需求高匹配的发展，是资源和要素高效利用的发展，是守住风险底线的发展，是产业体系协同的发展。

2017 年、2018 年、2019 年连续三年的中央经济工作会议均对推动制造业高质量发展作出部署。2017 年中央经济工作会议提出“深化供给侧结构性改革。推进中国制造向中国创造转变，中国速度向中国质量转变，制造大国向制造强国转变”。2018 年中央经济工作会议明确提出“推动制造业高质量发展”，并将其作为七项重点任务之首。要“推动先进制造业和现代服务业深度融合，坚定不移建设制造强国”。2019 年中央经济工作会议再次部署推动高质量发展，提出“健全体制机制，打造一批有国际竞争力的先进制造业集群，提升产业基础能力和产业链现代化水平”。

苗圩（2019）指出，中国经济由高速增长阶段转向高质量发展阶段，呈现出一系列新的特点，传统增长模式已难以适应经济发展新常态的要求，迫切需要转变发展方式，加快转型升级，这是中国推动制造业高质量发展的根本原因。制造业的高质量发展是经济高质量发展的重要内容，是建设现代化经济体系的主要支柱，也是供给侧结构性改革的关键突破口。解决经济发展不平衡不充分的问题，增强我国经济创新力和竞争力的关键在于制造业的高质量发展。

（二）制造业高质量发展的本质内涵

我们认为，制造业高质量发展是我国迈入工业化发展新阶段后，发展理念、发展模式、产业结构、发展动力、体制机制等系统性变革的过程。制造业高质量发展是以新发展理念为引领，以提高制造业供给体系质量，更好满足消费升级的需求为目标，以提高效率效益为根本要求，以创新为根本动力，优质高效、平衡协调和可持续的发展。高质量发展体现出我国制造业的五个“新”变化。

新阶段：由“规模扩张”转向“质效提升”。自2010年开始，我国制造业规模连续多年居世界第一位，2018年制造业增加值占世界的份额达到28%以上，超过了美国、日本、德国制造业的总和。制造业增加值增速也保持了相对较高的水平。按照大国工业化进程中工业所占比重先上升后下降的一般规律，随着我国进入工业化后期，工业占GDP的比重会有一定的下降，但是制造业对经济增长的贡献不会降低，反而会持续提升，主要原因是传统领域竞争饱和将倒逼制造业转型升级，进入追求高品质、高效率、高附加值的新发展阶段。创新驱动、结构优化、提质增效、产业升级是新阶段制造业高质量发展的重要特征。

新模式：由传统制造模式转向智能制造、绿色制造、服务型制造新模式。传统的制造模式以分工分业、规模经济、批量生产等为主要特征，物联网、大数据等新一代信息技术的广泛应用，推动传统生产模式向以产业融合、智能制造、柔性生产、绿色制造为特征的新型制造模式转变。生产过程的智能化、精益化、集约化程度更高，对客户需求的满足度、灵活性、资源利用程度进一步提高。

新体系：由传统产业体系向现代产业体系全面升级重构。新一轮科技革命与我国制造业高质量发展形成历史性交汇，其大量衍生的新技术、新模式、新业态将推动传统产业重塑，其产业形态、运行质量和效率、附加值将进一步提高。新一代信息技术、生物、新能源、新材料等新兴产业和先进制造业的发展壮大，有望成为新的主导支柱产业。在产业体系重构过程中，产业基础能力和产业链现代化水平得到重塑和提升，制造业的增加值率和劳动生产率稳步提高。

新动力：从“中国制造”到“中国创造”。我国制造业过去以加工制造业、模仿创新为主，随着近年来研发投入强度的提高，技术红利和人才红利逐渐释放，技术创新、设计创新、工艺创新、模式创新日益活跃，制造业进入以创新和人力资本提高为主要驱动的时代。这一转变使得制造业由原来同质化的规模竞争、成本竞争，转向差异化的设计竞争、技术竞争、质量竞争。

新机制：体制机制变革是制造业高质量发展的重要保障。制造业高质量发展不可能自发或自然形成，除了政策层面的引导外，更重要的是通过深层次的体制机制变革，激发市场主体的活力和创造性，破除阻碍高质量发展的瓶颈，构建起有利于高质量发展的制造业创新体制、绿色发展的长效机制、公平竞争的市场环境、服务实体经济的金融环境、开放合作的经贸环境，为真正创新驱动、优质高效、平衡协调和可持续的发展提供坚实的制度基础。

（三）制造业高质量发展的目标任务

供给体系的质量不断提高。制造业产业结构调整和产业升级取得显著成效，制约产业发展的基础能力短板基本补齐。产品质量、品种结构持续优化，品牌认可度进一步提升。供给体系基本能够满足人民日益增长的美好生活需要和消费升级的需求。

运行效率和效益进一步提升。主要体现为技术创新和生产方式创新促进制造业劳动生产率、增加值率明显提升，制造企业经营效益保持在较好水平，行业平均利润率有所提高。

实现了资源节约和环境友好。绿色制造的理念贯穿于制造业生产的全流程和产品全生命周期，充分体现了清洁安全和集约生产的内在要求，可持续发展能力进一步提高。

发展的平衡性、协调性明显增强。制造业区域布局进一步优化，资源要素空间配置效率提高，区域发展协调性、联动性显著增强，发展差距进一步缩小；制造业升级对农业现代化、现代服务业的支撑带动作用进一步提高；实体经济与科技创新、现代金融、人力资源协同发展的格局基本形成。

具有较强的国际竞争能力。制造业的产品竞争力、产业创新能力、中国制造的品牌影响力达到国际先进水平。拥有一批具有竞争力的中高技术产业、世界级的先进制造业集群、国际一流水平的领军企业和细分领域的单项冠军。基本形成高质量、富有竞争力的营商环境，制造业生态活力、竞争力明显增强。

三、我国制造业发展的总体评价、面临问题和关键制约

（一）我国制造业发展水平稳步提高，但总体上仍有较大差距

我国已成为具有影响力的世界制造业大国，2018 年我国制造业增加值全球占比超过 28%，大体相当于美国、日本、德国制造业增加值的总和。近年来，制造业转型升级不断取得重大进展，已经由高速增长转向高质量发展的新阶段。为准确评估我国制造业高质量发展水平及在全球所处的位置，课题组设计提出了制造业高质量发展指标体系，从质量效益、国际竞争、绿色生产、创新驱动四个方面、八项指

标进行了评估（见表1），并与主要国家制造业发展水平进行了国际比较。

表1　制造业高质量发展指标体系

主要方面	采用指标	指标权重	
1. 质量效益	1. 出口产品质量指数	0.40	1/4
	2. 世界知名制造业品牌数		1/4
	3. 制造业劳均生产率		1/2
2. 国际竞争	4. 制造业出口显示性比较优势	0.20	1/2
	5. 生产的不易被替代产品种类数		1/2
3. 绿色生产	6. 制造业单位增加值能耗	0.20	1
4. 创新驱动	7. 研发投入强度	0.20	1/2
	8. 每百万人研发人员比重		1/2

评估结果表明，我国制造业发展水平稳步提高，高质量发展指数从2010年的65.2提高到2018年的72.3。2018年与2010年相比，我国在制造业劳均生产率和单位增加值能耗方面均有较大进步（见图4）。

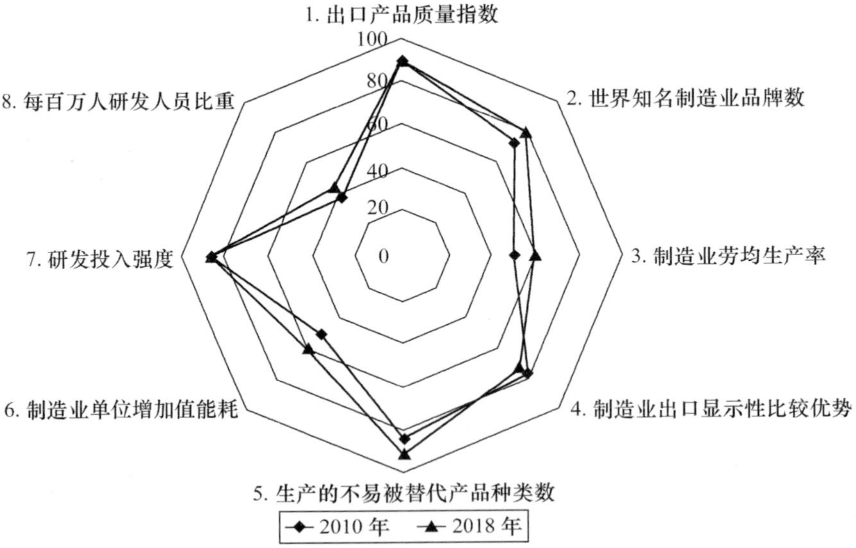

图4　2010年和2018年中国制造业高质量发展分项指数

与领先国家相比，我国制造业发展质量水平总体上仍然不高，处于全球第三梯队。其中，美国、德国和瑞士位居第一梯队，制造业高质量发展指数值超过 90；奥地利、法国、日本、韩国、荷兰和新加坡居于第二梯队，指数值在 80～90；比利时、加拿大、捷克、西班牙、英国、意大利和中国同处于第三梯队，指数值在 70～80；巴西、印尼、印度、俄罗斯和越南等属于第四梯队，指数值低于 60（见图 5）。

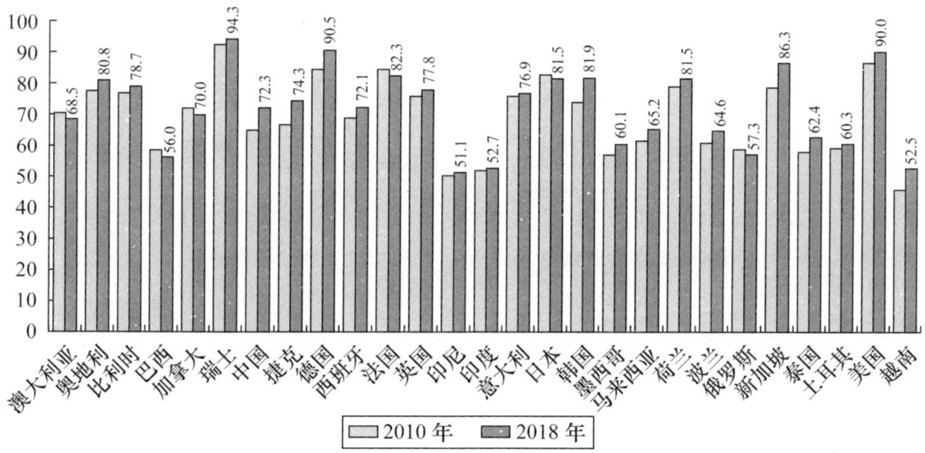

图 5　2010 年和 2018 年主要国家制造业高质量发展综合指数

资料来源：WDI，CEIC。

对比第一梯队的国家，我国制造业发展差距较大的分别是体现创新能力和质量效益的“每百万人研发人员比重”和“制造业劳均生产率”两个指标；其次是体现制造业高端供给能力、国际竞争力和绿色发展水平的“生产的不易被替代产品种类数”“世界知名制造业品牌数”和“制造业单位增加值能耗”指标，然后是“出口产品质量指数”“研发投入强度”，以及“制造业出口显示性比较优势”等同样与质量、创新、竞争力密不可分的一些指标（见图 4、图 6）。

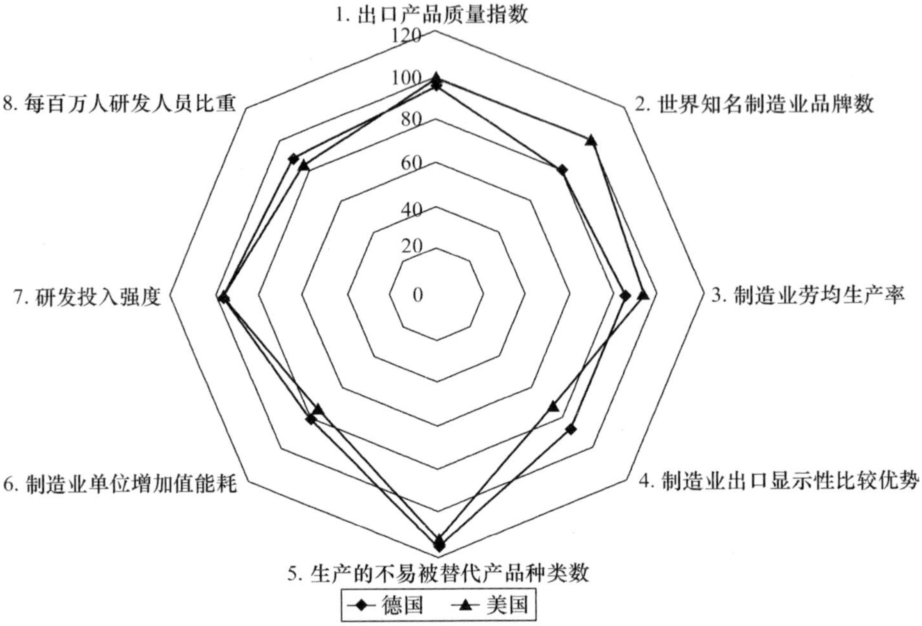

图 6　德国和美国 2018 年制造业高质量发展分项指数

（二）创新能力不强、质量效益不高、资源环境承载压力增大是当前面临的主要问题

创新能力不强，核心关键技术受制于人。我国技术创新取得了很大进展，但核心关键技术缺乏、产业基础能力薄弱的问题没有根本改变。根据工业和信息化部对全国 30 多家大型企业 130 多种关键基础材料调研结果，32% 的关键材料在我国仍为空白，52% 依赖进口；绝大多数计算机和服务器通用处理器中 95% 的高端专用芯片、70% 以上智能终端处理器以及绝大多数存储芯片依赖进口；在装备制造领域，高档数控机床、高档装备仪器、运载火箭、大飞机、航空发动机、汽车等关键件精加工生产线上逾 95% 的制造及检测设备依赖进口。①

① 工业和信息化部副部长辛国斌在“2018 国家制造强国建设专家论坛”上的讲话，2018 年 7 月。

供给体系质量不高，优质高端产品有效供给不足。我国制造业一般性产品存在过剩，而高端产品多数仍然依赖进口，产品的创新设计能力、产品质量和档次不高。民用领域，我国居民每年从国外海购大量商品，其中很多不是奢侈品而是日常生活用品，这些产品不是国内不能生产，而是难以满足高品质的消费需求。工业领域，我国制造业产品寿命、质量稳定性、可靠性与领先国家尚存在一定差距，成为产业升级的关键制约因素。例如，美欧日制造产品平均合格率达到4.5sigma（指合格率99.99932%）的标准，我国仅为2.5sigma（指合格率98.76%）。又如，数控机床我国国产整机平均故障间隔时间在900小时左右，国际上先进水平已达5000小时。再如，机械设备应用最广泛的零部件螺栓，常用螺栓等级共分为10种，其中8.8级以上属于高端螺栓。我国每年生产并出口大量中低端螺栓，但高端螺栓基本依赖进口，而且进口价格约为出口的4到10倍。我国从英国进口的螺栓单价为每吨20718美元，但出口到英国的中低端螺栓仅为每吨1840美元，单价相差10倍。[①] 其主要差距在螺栓的加工工艺、精度、材料的耐腐蚀性以及性能等质量方面。

制造业附加值不高，经济效益不优。从制造业增加值率看，与主要发达国家制造业增加值率稳步上升的趋势不同，近十年来我国制造业增加值率持续下降，与制造业增加值率水平最高的德国相比，中德之间的差距从2005年的9%扩大到2018年的16%。从劳动生产率看，2018年我国制造业劳均增加值为2.6万美元，约为美国的19%、德国的26%、日本的27%。2019年我国制造业企业的平均利润率仅为2.59%，低于中国500强企业的4.37%，更远低于世界500强企业的6.57%。[②] 这说明，我国制造业对生产要素的使用效率还不高，制造

① 《中国为什么不能制造高端螺栓?》先进制造业微信公众号，2020年4月17日。
② 《中国制造业如何走出“利比纸薄”?》国是直通车微信公众号，2019年9月22日。

业增加值率仍处于中低端水平（见图7）。

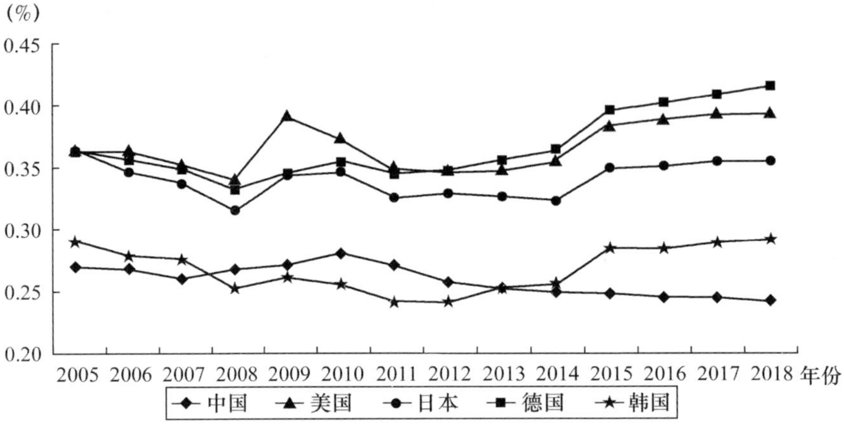

图7　2005～2018年主要国家制造业增加值率水平变化

能源资源利用效率不高，环境承载压力大。近年来我国制造业单位增加值能耗总体呈下降趋势，这体现我国制造业结构调整和转型的成效。然而横向比较看，我国制造业能源效率不高，2018年，我国制造业单位增加值能耗为1.0帕焦/亿美元，分别为美国和法国的2倍，日本的2.5倍、德国的3.3倍[①]（见图8）。另据《2018中国生态环境状况公报》的数据显示，2018年全国338个地级及以上城市中，空气质量达标的城市占比为35.8%；338个城市平均优良天数比例为79.3%，其中京津冀及周边地区优良天数比为50.5%，长三角地区为74.1%，汾渭平原为54.3%。

（三）深层次原因是尚未形成有利于高质量发展的体制机制和社会环境

我国制造业发展质量不高有发展阶段、产业结构、后发劣势等客

① 资料来源：制造业能源消费量来自于IEA统计，http：//www.iea.org/t&c/termsandconditions/，制造业增加值来自于WDI（世界银行发展指标）。

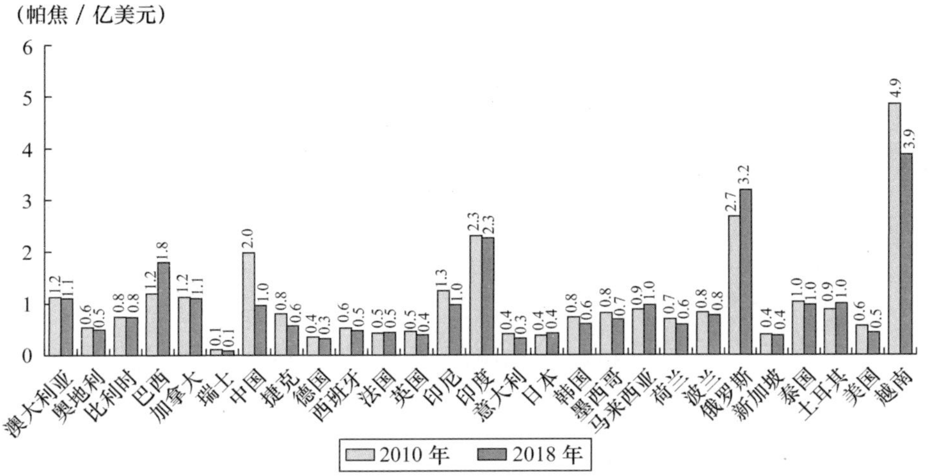

图 8　2010 年和 2018 年主要国家单位制造业增加值能耗的比较

资料来源：WDI，EIA，CEIC。

观因素，但深层次原因是尚未形成有利于高质量发展的体制机制和社会环境。

行业报酬失衡导致优质要素脱实向虚。我国正处于经济转型阶段，金融体制改革和房地产市场的改革尚未调整到位，在金融资本超额回报率、房地产价格大幅上涨的作用下，加之制造业自身的结构性因素，导致了行业报酬严重失衡，人才、资本、企业家脱实向虚的情况。金融、房地产多年位列我国薪酬最高的行业前列，其中金融业位列 2018 年人才流入率最高的行业第二名，而工业制造业人才净流入比例最低①。很多制造企业多年来反映的一个问题就是，人才不好找，即使找到了，因为行业薪酬的差距也招不来、留不住。除了社会文化的影响外，行业报酬也是一个重要因素。近年来制造业面临着产能过剩、综合成本持续提高、贸易环境恶化等多重压力，行业平均利润率徘徊在较低水平。行业报酬失衡进一步影响了资源要素的合理化配

① Boss 直聘研究院：《2018 求职旺季人才趋势报告》。

置，动摇制造业高质量发展的根基，甚至过早出现了“去工业化”的趋势。2011～2019 年，我国工业增加值占 GDP 的比重由 39.9% 下降到 32.0%，下降了 7.9 个百分点；制造业增加值占 GDP 的比重由 32.0% 下降到 27.2%，下降了 4.8 个百分点。在工业化尚未完成、个别地区工业化水平差异较大、制造业大而不强的情况下，过早过快地去工业化，显然不利于深度工业化和制造业的高质量发展。

实体经济、科技创新、现代金融和人力资源协同发展的体制机制不完善。一是对基础研究和关键共性技术研发的激励、支持不到位。对科研人员短期化，特别是按论文简单量化的不合理考核评价办法不符合基础研究需要心无旁骛、长期深耕的规律，不利于产生原创性成果。具有较强外部性的关键共性技术科研主体长期缺位，支持力度不足导致了行业共性技术供给缺失，制约了产业技术升级。二是技术创新成果转移转化和扩散应用机制不畅。高等院校和科研机构因缺乏专业化、社会化服务的支持，技术创新成果转移转化效率较低。由于用户黏性、进入壁垒、规避风险等方面的原因，自主创新成果难以在市场上获得应用迭代的机会。三是金融对实体经济创新发展的支持力度不够。广大科技型制造企业缺乏长期资本的支持，民营和小微企业贷款融资的堵点有待打通，“敢贷、愿贷、能贷”长效机制有待建立。四是与制造业高质量发展相适应的人才培养和供求调节机制不健全。劳动力在城乡和区域之间流动仍面临一些制度性障碍，增加了人员流动的成本；产教融合缺乏行之有效的机制，工程技术人才、复合型人才培养体制需要进一步改革完善；对技术工人的社会评价激励机制改革不到位，基础制造领域面临日益严重的人才短缺问题，特别是缺乏大量具有工匠精神的技师、高级技师。

高标准、严执行的质量技术管理体制不健全。我国居民每年花费约 2000 亿美元从境外采购，其中很多产品不是国内不能够生产，而是消费者对产品质量缺乏基本的信任。信任缺失的结果最终伤害的是实体经济和制造业企业，使得有条件生产优质产品的企业也会因消费者信任不足、难以实现“质量溢价”，而选择生产价廉质低的产品，最终陷入“低水平质量陷阱”。这将进一步加速高端优质产品的国外替代，长期来看不利于制造业升级和健康发展。产品质量不高、稳定性可靠性不强的问题，有制造业基础能力的因素，也与企业层面质量管理的意识和方法、行业层面质量管理的技术标准以及国家层面质量监管的体系有很大关系。尤其是，高标准、严执行的质量管理体系是制造业高质量发展的重要制度基础。目前我国在食品、药品、婴童用品等领域尚未建立完善的全生命周期质量安全追溯体系。对一些已出现的质量安全问题执法和惩罚力度不够，造成违法成本较低，很多企业甚至存在侥幸心理。另外，存在一些传统制造业领域标准更新滞后和新兴领域标准制定滞后的问题，不利于形成对制造业高质量发展的引领和倒逼机制。

公平竞争、优胜劣汰的“正向激励”机制不完善。从日本制造业发展的历史经验看，激烈的国内市场竞争是成就“日本制造”一流品质和提高其在国际市场竞争力的第一推动力。一是我国统一开放、竞争有序的现代市场体系尚不完善，有碍公平竞争的隐形壁垒仍然存在，个别地方的保护主义和特殊支持政策，使得一些效率低下的企业甚至僵尸企业不能及时退出，难以形成正常市场竞争主导的优胜劣汰。根据世界银行的数据，2019 年各国企业完成破产平均需要的时间，我国为 1.7 年，德国、日本、韩国、美国分别为 1.2 年、0.6 年、1.5 年、1 年，我国企业平均退出的效率较低。二是完善知识产权保护有了很大的进步，但执法惩罚力度仍然不够。一些企业花费大量时间及资金形成的设计和创新产品，有可能被仿造，创新的积极性得不到充分保护，激励创新的正向循环机制尚不完善。三是市场监管体制有待进一步加强，还存在假冒伪劣、商业欺诈、商业贿赂、偷税漏税等违法行为，扰乱了正常的市场竞争秩序，甚至出现“劣币驱逐良币”的现象。四是社会信用体系不健全，企业和个人信用记录缺失、信用信息缺乏、奖惩机制不到位、信用服务体系不完善，难以发挥社会监督机制的作用。

缺少崇尚实业的社会氛围。近现代以来，中国制造业不乏实业报国、才能卓越的企业家，也有大批笃实专注、精益求精的大国工匠。但如今因为缺失了崇尚实业的制度和文化土壤，很多制造企业反映，年青一代不再愿意投身工厂，很多“创二代”也更热衷金融投资，很少再去坚守实业。

四、推动制造业高质量发展的战略路径

（一）总体思路

从制约制造业高质量发展的深层次原因入手，加大体制机制改革力度，完善高水平的市场经济体制，充分激发市场主体的创造性和能动性。全面提升产业治理能力，形成引导、规范、促进制造业高质量发展的制度环境和社会氛围。在高质量发展的具体路径上，重点是抢抓新一轮科技革命和产业变革的战略机遇，加强规划和政策引领，促进实体经济与科技创新、现代金融、人力资源协同发展，促进创新技术和服务要素全方位为制造企业赋能，以深化供给侧结构性改革为主线，推动制造业质量变革、效率变革和动力变革，提升产业基础能力和产业链现代化水平，为迈向高收入国家和建设现代化国家奠定坚实

的产业基础。在指导方针上，要守住三个底线、瞄准三个高线。

一方面，守住高质量发展的底线。

一是守住发展方式不走回头路的底线。宏观调控上保持战略定力，下决心、加大力度深化房地产、金融业的改革，不为短期利益牺牲长远发展。持续深化制造业降成本的改革，畅通金融服务实体经济的有效渠道，合理引导房地产市场健康发展。

二是守住产业安全的底线。以完善创新的正向激励机制和创新生态为重点，攻克“卡脖子”关键技术、守住产业链关键环节。改革高校、科研机构的考评体系，落实职务发明的激励政策。进一步加大对市场缺位的基础研究领域、关键共性技术环节的投入，通过支持产学研用联合体等方式，构建协同创新的生态系统。支持科技成果转移转化服务机构发展，加大知识产权违法惩处力度。

三是守住生态保护的底线。坚持激励和约束并举，按照市场化、法治化方向推进生态文明体制改革，加快建立绿色产业政策，建立企业环保信用评价制度。

另一方面，瞄准高质量发展的高线。

一是产品质量、环保、安全对标高标准。完善“法律法规 + 技术标准 + 认证认可”三级管理体系，以质量、安全、能效、环境技术标准引领高质量发展。支持企业推广应用智能制造和精益管理，提高质量控制、能耗和安全管理水平。

二是技术创新应用对标高标准。大力促进人工智能、大数据、区块链等前沿技术创新应用，进一步完善有利于新技术扩散的制度环境。将重大技术装备首台（套）政策进一步拓展至自主知识产权和自主品牌的新技术、新产品、新材料等领域，探索技术创新推广应用保险机制，对科技保险的保费给予补贴。加快健全智慧医疗、无人驾驶、共享出行、互联网金融等新业态新模式的准入和标准规范。

三是营商环境建设对标高标准。高水平的营商环境是高水平市场经济体制的直接具体体现。要从深化体制机制改革入手，进一步加大对内对外开放力度，破除行业准入壁垒，增强监管的透明性，真正确立竞争政策的基础性地位。落实产业政策公平竞争审查制度，消除地方保护主义和对市场的不当干预。加快建立黑名单制度，构建以信用为核心的监管机制。加强信息安全和个人隐私保护。

（二）战略路径

1. 以完善制造业创新生态为重点的产业链创新路径

创新是制造业高质量发展的关键动力，是补足产业基础能力的短板、推动制造业迈向中高端的重要支撑。我国制造业创新之所以存在基础研究和共性技术供给主体缺位，社会创新资源分散、低效，科技成果转化机制不畅，科技创新和产业发展“两张皮”等问题，关键是因为制造业创新生态系统不健全、不完善，需要以产业链创新引领制造业高质量发展，更好地整合优化创新资源，修补创新链缺失的环节，增强开放式协同创新能力，激发各层次创新主体的创新创造活力。

当务之急是以产业链创新为重点，围绕打造安全稳定的产业链供应链，加快攻克“卡脖子”关键技术，补齐制造业基础能力的短板。发挥新型举国体制和强大市场优势两方面力量，结合产业基础能力再造工程和前沿领域科技创新等重大需求，以制造业创新中心和有意愿、有条件的龙头企业为核心，整合产学研用资源，支持和培育一批创新综合体，形成多领域、多层次的制造业开放式协同创新网络。支持优势制造企业积极“引进来”和“走出去”，加强国内外创新资源协同，促进高水平的开放式创新。要加快完善产业技术基础服务能力和相关配套政策，促进产业链上下游关键材料、核心设备和设计、制造、服务企业密切协作，打造创新成果应用迭代的环境。促进产业链与创新链、资金链、人才链的深度融合，打通科技创新到成果产业化的通道。完善试验验证、检验检测、标准认证等技术创新公共服务体系，大力培育发展专业化的技术转移、转化服务机构，促进创新成果扩散应用，提高科技创新成果转化效率。完善多层次的资本市场，引导中长期资本加强对创新创业的支持。要加强对创新主体的激励，特别是加强对中小科技创新企业的激励和扶持。探索建立产业链关键核心技术专利池，给予相关企业一定的税收减免激励。严格落实知识产权保护各项制度，确保对创新成果的“正向激励”落到实处。

2. 以智能制造为主攻方向的智能化、柔性化、绿色化生产方式变革路径

数字化、网络化、智能化是新一轮科技革命和产业变革的主线，也是世界制造业演进发展的重要方向。目前，智能制造和工业互联网的应用，不仅使得生产系统的效率、资源利用的效率、生产制造的智能化柔性化程度大为提高，同时也催生出大规模个性化定制、网络化协同制造、远程在线运维等一系列生产服务创新，这对解决当前我国制造业面临的综合成本上升、产能过剩、质量效益不佳等矛盾和问题，促进制造业高质量发展意义重大。有利于促进制造业质量和效益提升，推动资源节约和绿色发展，并促进更多生产型制造企业向服务型制造转型。

当前，应充分利用5G、工业互联网、人工智能、数据中心等新型基础设施建设的机遇，加大政策支持力度，促进新一代智能制造发展。通过构建企业智能化生产系统，联通企业内外部数据，打通供应链、产业链，实现在更大范围内优化配置资源，促进供需灵活对接的柔性化、定制化生产，提高运行质量、效率和效益。大力扶植一批行业性、区域性工业互联网平台，构筑安全、稳定、灵活、高效的产业链供应链。促进产业链上下游设计、采购、制造、销售、服务等多方资源的汇聚整合，促进各方主体能力协同和供需联动发展，提高行业、区域供应链的运行效率、灵活性和抗风险能力。引导制造企业积极利用工业互联网、大数据、人工智能优化生产运营管理，进一步形成涵盖企业研发设计、生产管理、运行维护、销售服务等全生命周期的优化决策和解决方案；积极开展生产过程能源监测和排放管理，促进能源节约和绿色发展。

3. 以制造业和服务业深度融合为主线的价值链升级路径

一直以来，我国制造业以生产型制造为主，产业链条短、产品同质化有余而差异化不足、增值能力不强成为制约高质量发展的主要短板。推动制造业和服务业融合发展，加大制造业高端服务要素投入，促进生产型制造向服务型制造转变，有利于延伸拓展制造业的价值链，增强价值创造能力，是促进产业迈向价值链中高端的有效途径。

促进制造业与服务业融合发展，首先，提高科技研发、工业设计、电子商务、现代物流等现代生产性服务业对制造业高质量发展的支撑能力。整合对接科技研发、原型设计、工艺创新等的最新成果，推动更多加工制造企业向创建自主设计、自主品牌的中国创造转型。发挥现代物流对优化制造业供应链、降低成本、提高运行效率的重要作用。鼓励消费领域和工业领域电子商务发展，挖掘国内外市场消费潜力。其次，促进生产型制造向服务型制造转变。支持制造企业依托工业互联网、物联网平台，创新发展远程运维、全生命周期管理等智能服务，鼓励制造企业基于核心技术优势拓展专业化社会化服务，发展基于客户深度参与的产品个性化定制服务，构建制造与服务融合的产业价值链。最后，破除制约制造与服务融合的制度壁垒，促进制造业与服务业政策融通、资源双向流动，空间集聚发展。加强跨领域、复合型、创新型人才培养，为促进“两业融合”创造良好的政策环境。

4. 以高水平开放的制度协调为支撑的全球价值链深化拓展路径

我国制造业已深度融入全球产业分工体系。预计后疫情时代，全球产业链的重组将进一步加快，美欧日积极推动的WTO改革也将重塑新的贸易投资规则。妥善应对外部环境的变化，防范化解产业链脱钩和供应链“去中国化”的风险，需要在提升制造业开放发展水平、深度参与全球产业分工重构中，进一步提升我国在全球价值链中的主导权。

要加强高水平开放的政策和制度协调。积极推动双边和区域贸易投资自由化便利化协定的签订，一方面，通过持续改善营商环境，增强我国产业链的制度竞争力，吸引更多高端产业投资向我国转移。另一方面，积极“走出去”，深化与全球产业链、供应链、创新链的稳定合作，在整合利用全球优质资源中，促进价值链升级和高质量发展。要更加注重区域产业链的重构，优化与东南亚、南亚及“一带一路”沿线国家和地区优势互补的产能合作，争取产业链分工和价值链分配的有利地位；积极与产业链上中游国家加强核心技术和知识产权合作，形成稳定嵌入区域价值链的力量；要在全面增强产业技术创新能力、增强质量竞争力和品牌影响力中，进一步提升全球价值链掌控能力。

5. 以提升市场主体能力和水平为重点的能力提升路径

制造业的高质量发展最终是由作为市场主体的企业来推进实施的。企业转型升级的能力和水平是影响制造业高质量发展的重要因素。近年来我国通过持续改善营商环境，支持企业技术改造和创新创业，努力为企业转型升级创造良好的政策和市场环境。但也应当看到，企业转型升级还存在内生动力不足、能力不强、资源缺乏、支撑体系不健全等问题，某种程度上制约了转型升级的进度。

为缓解以上问题，一要培育、激励和保护企业家精神，发挥企业家群体的能动性和创造性。加强企业家能力建设，重点提升企业家的综合素质、国际视野和经营管理水平，引导激励企业家树立新发展理念，走高质量发展之路，增强企业转型升级的动力和活力。二要全方位为企业赋能，特别关注传统行业和中小企业的能力提升。在传统产业集聚区、中小企业集群优先完善5G、工业互联网等信息网络基础设施，降低用网成本，提高企业数字化转型基础能力。促进资源下沉，开放共享国家重大科技设施和实验平台，加强对企业技术创新服务支持。鼓励金融机构扩大对基础好、有发展潜力、有转型升级需求的中小企业的中长期贷款。三要提升产业链协同发展能力。构建产业链上下游之间、大中小企业之间稳定协作的良好伙伴关系，加强专业化分工合作，引导企业走“专精特新”发展路线，增强产业链协同创新、产用衔接、国产化配套和服务能力。

五、营造有利于制造业高质量发展的制度文化环境

（一）畅通实体经济良性循环、要素高效配置的机制

深化房地产和金融市场改革，调整优化行业报酬分配结构，促进科技创新、现代金融、人力资源等创新要素向实体经济集聚，是推动制造业高质量发展的基础。

稳妥推进房地产市场平稳健康发展。坚持“房子是用来住的、不是用来炒的”定位，严格执行房地产市场调控政策，稳步推进“一城

一策”和落实城市主体责任，确保地价、房价和预期稳定，防止高房价导致制造业成本上升，形成投资挤出效应并加速城市人才流失。稳步推进租售同权的改革，完善住房保障供应体系。深化工业用地市场化配置改革，提高工业用地的弹性和效率。

畅通金融更好服务于实体经济的循环。尽快落实扩大金融业对内对外开放，促进各类金融机构多元化、多样化竞争，提高资金配置效率，降低企业融资成本。深化金融业供给侧结构性改革，提高服务实体经济，特别是“三农”“小微”等普惠金融、科技金融和绿色金融的比例，增加制造业中长期贷款，推进企业直接融资发展，完善制造业股权投资和债券融资体系。

以市场化改革提高要素配置效能。通过进一步深化户籍制度改革、社保制度改革、事业单位改革，破除劳动力、人才在城乡之间、区域之间、不同所有制之间自由流动的障碍，降低流动成本。健全和发展技术要素市场，促进数据资源有效流动和红利释放。深化石油、电力、天然气、交通、铁路、通信等基础领域的改革，完善电力市场直接交易机制，推进天然气供应模式和价格机制的改革，进一步降低交通运输等服务收费，缓解制造业成本上升的压力。

（二）强化优胜劣汰的市场竞争机制和法治化营商环境

统一开放、公平竞争的市场环境是制造业高质量发展的重要保障。发挥市场在资源配置中的决定性作用，强化市场竞争机制和法律保障机制，有利于倒逼制造业高质量发展。

畅通公开透明的市场准入与退出机制。落实全国统一的负面清单管理制度，清单以外的领域所有市场主体公平准入。持续深化垄断行业改革和国有企业改革，有效破除行政性垄断，引入竞争机制。落实民营经济发展政策，加强产权保护，为各类所有制主体营造公平、透明、法治化、可预期的发展环境。

强化竞争政策的基础性地位。发挥市场竞争在促进创新和优质产品脱颖而出中的重要作用。健全和完善全国统一的大市场，实施产业政策公平竞争审查制度，消除地方保护主义和有违公平竞争的政策措施。加大反垄断、反不正当竞争的执法力度。

强化质量、环保、安全、知识产权等监管执法体系。加强制造业质量体系建设，促进产品质量提升。深化行政管理体制改革，在减少审批环节的同时，促进行政和监管力量下沉，进一步整合资源，加强事中事后监管。完善重要农产品、食品、药品、疫苗、危险化学品等的安全追溯制度，严格执行环境违法追责制度。加强大数据、区块链等数字技术在政府监管中的运用。加大知识产权保护和执法力度，提高侵权的代价和违法成本，保护市场主体创新创造的积极性。

健全以社会信用为核心的管理和监督机制。为进一步规范市场秩序，应更好地运用市场主体失信黑名单制度，完善失信惩戒、信息公开制度，提高失信成本。健全信用信息查询、信用评级等服务体系，促进社会监督。

（三）深化高质量发展导向的科技和教育体制改革

我国制造业能否真正实现高质量发展，科研和教育体制改革很关键。通过破除制约科技创新的制度藩篱，让创新引领制造业转型升级成为新的常态；促进制造业与教育融合发展，着力破解制造业转型升级的人才短板，将人才数量优势转化为人才质量优势。

全面深化科技体制改革。建立以人为中心的科技创新激励机制，改革创新科研经费使用管理，落实职务发明激励政策。改革优化高校、科研机构的考核评价机制，消除短期化、明显不合理的考核评价办法。健全和完善以企业为主体的科研项目组织实施机制，切实解决科技创新资源分散、重复、低效的问题，提高科研投入产出效率。

加强面向制造强国建设的教育体制改革。基础教育重点要提升学生的综合素质和创新能力、实践能力。高等教育要精准对接制造业人才需求，特别是面向前沿领域、制造业重点领域紧缺人才以及基础制造领域的人才需求，及时改革优化高等院校学科和课程设置，形成人才培养与制造业用人需求动态匹配的机制。重点加快制造业创新型领军人才、高级专业技术人才、高技能人才培养。深化产教融合改革，探索建立校企联合培养人才机制，提高工程技术人才实践能力。

（四）加快面向高质量发展的产业政策转型

随着我国由高速增长阶段迈向高质量发展阶段，产业政策要加快转型与创新，按照有所为、有所不为的原则，由规模扩展期的产业政策转向以提升产业核心能力和质量水平为重点的产业政策，增强产业政策的开放性、包容性。

加快产业政策转型。以健全和完善市场机制为核心内容，着力完善功能性、普惠性的产业政策体系。在政策方向上更加关注以创新为核心的基础能力提升，供给侧结构性改革政策，关注产业发展的协调性、平衡性，加强对欠发达地区和中小企业等弱势群体的政策扶持。未来产业政策的转型思路要按照可接受性和管用性的原则，实现产业政策“总量要减少，有效性要提升”，同时要确立竞争政策的基础性地位。产业政策要更加注重与国际接轨，可以大国产业政策交集的并集来框定未来我国产业政策的范围（赵昌文，2018）。

发挥标准的引领作用。健全和完善符合高质量发展要求的制造业质量技术标准体系并严格实施，有助于淘汰低端、低效供给，同时让优秀者脱颖而出。首先，守住强制性质量技术标准和认证的底线，并根据技术进步和不断提高的环保要求动态调整，不至于标准过低。其次，发展面向中高端的质量等级标准，鼓励企业自主认证并实行严格抽查，拉开产品质量档次。最后，还可以借鉴美国“能源之星”、日本“能效领跑者”制度，通过行业标杆引领制造企业向更高标准和质量升级。

完善多层次的产业转型升级服务体系。围绕企业转型升级的现实需求，通过政府引导，引入公益性和专业化社会化服务资源，进一步健全和完善企业转型升级的服务体系。重点完善技术转移转让服务市场，规范发展制造业质量标准服务体系，支持发展第三方中小企业云平台服务、中西部承接产业转移对接服务等，为企业对外直接投资提供全方位专业化服务支持。

（五）培育制造业高质量发展的社会文化环境

推动制造业高质量发展需要全社会发展理念的转变，让提高产品和服务质量、鼓励创新创造、促进绿色发展，深入到每个行业企业、每位参与政策制定的政府官员以及消费者的心中，使追求高质量发展成为一种社会风尚。

提升制造业质量文化。中国制造要进一步提升在全球的影响力和认可度，其中一个重要方面就是提升质量软实力。要强化企业家的质量文化理念，将促进质量管理与提升企业品牌相结合，获得市场认可的竞争优势；要全面推广制造业质量技术管理，将精益求精的工匠精神融入企业质量文化；要在全社会加强质量文化宣传，积极开展消费者质量品牌认可度评价，引导“品质消费”。

鼓励制造业创新创造的文化。良好的创新文化首先体现在正确的创新理念上。创新不只存在于高科技领域，正如德国中小企业的专利申请中，有45%来自于非研发密集型领域一样，我国传统制造业的设计创新、产品创新、工艺创新、材料创新等也应是重点鼓励的内容。良好的创新文化还需要宽松、自由、和谐、宽容失败的创新友好型社会氛围，以及有效的保护创新者利益的机制。

倡导绿色生产和消费的文化。鼓励各地在产业结构调整和产业布局中，重点发展技术和知识密集、资源消耗低、环境污染少、具有绿色低碳特征的产业或产业链环节；提高高污染、高能耗行业的准入标准；推广采用绿色税收、绿色金融政策；鼓励企业履行社会责任，推动形成以节能减排为约束条件和发展动力的国内产业竞争环境；推广绿色标识、能效标识和产品循环利用标识，倡导全社会绿色消费。

营造全社会崇尚实业的文化。企业家精神和工匠精神是实业精神的杰出代表，要营造健康积极的企业家文化、工匠文化。大力弘扬坚守实业、创新担当的优秀企业家精神，营造依法保护企业家合法权益的法治环境和尊重企业家价值、支持企业家健康成长的社会文化环境，发挥广大企业家群体的创造性和能动性，让企业家安心经营、专心创业。大力弘扬敬业、专注、精益、创新的工匠精神，打通技能人才职业技术资格的晋升通道，形成全社会尊重制造业从业者和重视人才的文化，通过制造业的高质量发展和进一步优化行业收入分配结构，切实增强实体经济的成就感、获得感，让更多有志青年投入实体经济创新创业的大军。

执笔人：赵昌文　李　燕　杨建龙　许召元

参考文献

[1] World Trade Organization, 2019, Global Value Chain Development Report 2019: Technological Innovation, Supply Chain Trade, And Workers In A Globalized World.

[2] United Nations, 2019, World Economic Situation Prospects.

[3] World Economic Forum & McKinsey Company, 2019, Fourth Industrial Revolution Beacons of Technology and Innovation in Manufacturing.

[4] Chris. P, Fidel. P & Nikola. S, 2019, Quality Upgrading and Export Performance in the Asian Growth Miracle, IMF Working Paper, WP/19/259.

[5] Jesse. L, Christian. L, 2020, Here's How Global supply chains will change after COVID－19, World Economic Forum.

[6] Deloitte, 2020, 2020 Manufacturing Industry Outlook : Exploring manufacturing trends.

[7] 罗伯特·C. 艾伦. 陆赟译. 全球经济史. 南京：译林出版社，2015

[8] 约瑟夫·熊彼特. 经济发展理论. 北京：商务印书馆，2000

[9] 克劳斯·施瓦布. 第四次工业革命：转型的力量. 北京：中信出版社，2016

[10] 科拉夫·斯米尔. 李凤海，刘寅龙译. 美国制造：国家繁荣为什么离不开制造业. 北京：机械工业出版社，2014

[11] 盛田昭夫，下村满子. 周征文译. 日本制造：盛田昭夫的日式经营学. 北京：中信出版社，2016

[12] 国务院发展研究中心课题组. 高质量发展的目标要求和战略重点. 北京：中国发展出版社，2019

[13] 国务院发展研究中心课题组. 借鉴德国工业 4.0 推动中国制造业转型升级. 北京：机械工业出版社，2018

[14] 赵昌文等. 新工业革命的中国战略. 北京：中国发展出版社，2018

[15] 苗圩. 大力推动制造业高质量发展. 求是，2018（6）

[16] 赵昌文，许召元，朱鸿鸣. 工业化后期的中国经济增长新动力. 中国工业经济，2015（6）

[17] 赵昌文，魏际刚. 促进中国制造业质量提升的政策建议. 国务院发展研究中心调查研究报告，2017（103）

[18] 黄汉权. 突破难点 系统推进制造业高质量发展. 经济日报，2019－03－14（16）

[19] 吕铁，刘丹. 制造业高质量发展：差距、问题与举措，学习与探索. 2019（1）

[20] 李燕. 工业互联网平台赋能经济高质量发展的相关建议. 国务院发展研究中心调查研究报告，2019（134）

专题报告一

制造业高质量发展指标体系

改革开放40多年来，中国制造业发展取得了举世瞩目的成就。但当前也面临着国外竞争日益加剧、核心关键技术仍存在短板以及如何进一步提升价值创造能力等诸多挑战，推动制造业高质量发展已经成为当前及今后一段时期我国经济发展的重要战略任务之一。要有效引导各级政府和市场主体转向高质量发展路径，需要制定明确的发展目标，以引导各类主体进行发展模式转变，这就需要深入研究高质量发展的指标体系，以指标体系引领高质量发展。

一、制造业高质量发展指标体系的经验研究

（一）经济高质量发展的总体要求

党的十九大报告指出，我国经济已由高速增长阶段转向高质量发展阶段。经济发展要着力推动质量变革、效率变革、动力变革，提高全要素生产率，着力加快建设实体经济、科技创新、现代金融、人力资源协同发展的产业体系，不断增强我国经济创新力和竞争力。

经济高质量发展包括多方面内涵，首先，从高速度到高质量的转变，这不仅意味着今后经济发展的主要任务已从速度转向质量，也意

味着今后经济工作的主旋律或者经济工作关注的重点，不再是速度，而是质量。其次，从增长到发展的变化，也就是说不仅要重视量的增长，更要重视结构的优化，不仅要重视经济的增长，更要重视环境的保护、社会文明的提升，以及社会治理的完善等，也就是更加强调经济、政治、社会、文化、生态“五位一体”的全面发展和进步。

（二）对制造业高质量发展的相关讨论

制造业高质量发展是实现经济高质量发展的必然支撑，也是经济高质量发展的核心内容。对于制造业高质量发展的内涵，目前还没有一致认可的定义，但不少专家学者从各自的角度进行了分析。黄汉权（2019）认为，从狭义来看，经济高质量发展可以理解为高效率发展，即以最少的投入获得最大的产出；从广义看，经济高质量发展不仅包括经济发展质量、效率等因素，而且涵盖动力、区域、生态、开放、民生等方面。孟凡达等（2018）认为，高质量发展是经济发展方式、产业结构、增长动力等发生系统性转变的过程，是解决制约制造业发展瓶颈的关键。阮文婧和武常岐（2018）的研究认为，对不同质量偏好的出口市场，应采取不同的升级路径。单纯提高企业生产率会固化我国企业原有的低价优势，不利于向质量优势转化，对于具有高质量偏好的出口市场，应加强研发，补齐核心技术短板，沿“价格优势→质量优势→价格质量双优势”的路径升级，而对于偏好中低质量产品的出口市场，应重视提高效率，沿着“无优势→价格优势→更具价格优势”的路径升级。

（三）制造业高质量发展指标体系的经验研究

制造业高质量发展不仅仅是一个理念，还应体现在一些发展成效或发展指标上，部分研究对此进行了讨论。吕铁等（2019）用制造业劳动生产率、制造业研发投入强度、单位制造业增加值的全球发明专利授权量、高技术产品贸易竞争优势指数、制造业单位能源利用效率5项指标来衡量制造业的发展质量水平，采用与美国、日本、德国和韩国对比分析的方法，发现2017年中国制造业与全球制造业高质量发展标杆仍然存在很大差距。张文会和乔宝华（2018）建议制造业高质量发展的指标体系应该包括创新驱动、结构优化、速度效益、要素效率、品牌质量、融合发展和绿色制造7个方面，以更好地引导各地区制造业高质量发展。2013年，中国工程院会同工业和信息化部、国家质检总局等多个部门联合组织开展了重大长期咨询项目——“制造强国战略研究”。项目组首次构建了“制造强国指标体系”。国家发展和改革委员会产业经济与技术经济研究所在中国工程院所提的指标体系基础上，提出了优化改进后的指标体系。以上几个不同指标体系的指标如表1所示。

表1　　　　制造业高质量/制造强国发展指标体系综合

	吕铁（2018）	张文会和乔宝华（2018）	中国工程院（2013）	国家发展和改革委员会产业经济与技术经济研究所（2019）
创新	制造业研发投入强度	制造业R&D经费投入强度	制造业研发投入强度	研发投入强度
	单位制造业增加值全球发明专利授权量（项/亿美元）	制造业R&D人员投入强度	制造业研发人员占从业人员比重	每百万人R&D人员数量
		单位R&D经费支出发明专利数	单位制造业增加值的全球发明专利授权量	单位制造业增加值全球发明专利授权量
		每万名科技活动人员技术市场成交额		
		科学技术支出占地方一般公共预算支出比重		

续表

	吕铁（2018）	张文会和乔宝华（2018）	中国工程院（2013）	国家发展和改革委员会产业经济与技术经济研究所（2019）
结构优化		高技术制造业主营业务收入占制造业比重	装备制造业增加值占制造业增加值比重	中高端产业增加值占制造业增加值比重
		高技术制造业出口交货值占制造业出口交货值比重	标志性产业的产业集中度	高科技产品出口占制成品出口比重
		大中型制造业主营业务收入占规上制造企业比重		制造业出口占制成品出口比重
		工业新产品销售收入占比		
国际竞争力	高技术产品贸易竞争优势指数		高技术产品贸易竞争优势指数	
			全球 500 强中本国制造业企业营业收入占比	
			基础产业增加值占全球比重	
			制造业出口占全球出口总额比重	
效率效益	制造业劳动生产率（美元/人）	第二产业全员劳动生产率	制造业全员劳动生产率	劳动生产率
		制造企业主营业务收入利润率	销售利润率	全要素生产率
		规模以上制造业增加值增速	制造业增加值率	
		制造企业亏损深度		
		制造业资产负债率		钢铁制品进出口价格之比

续表

	吕铁（2018）	张文会和乔宝华（2018）	中国工程院（2013）	国家发展和改革委员会产业经济与技术经济研究所（2019）
效率效益		制造业资产回报率		电子、电气、音响设备及零部件进出口价格之比
		单位工业能耗产出率		
品质品牌		产品质量合格率	质量指数	出口产品质量
		优等品率	一国制造业拥有世界知名品牌数	世界品牌500强制造业企业数量
		中国制造业500强企业数占比		世界500强制造业企业数量
信息化发展		工业应用信息化水平	信息化发展指数（IDI指数）	
		互联网普及率		
绿色发展		单位工业增加值能耗	单位制造业增加值能耗	制造业单位增加值能源消耗
	制造业单位能源利用效率	一般工业固体废物综合利用率	工业固体废物综合利用率	制造业单位增加值二氧化碳排放量
		节能环保支出占地方一般公共预算支出比重		
		工业主要污染物排放强度		
其他		本外币工业中长期贷款余额占本外币各项贷款余额比重	制造业增加值	国家嵌入全球价值链的位置

二、制造业高质量发展的内涵及指标体系设定

对制造业高质量发展指标体系的科学设定，需要准确把握党的十九大报告提出的我国经济增长阶段变化、社会发展主要矛盾的变化，并根据经济增长的新要求，才能提出制造业高质量发展的最核心特征，并据此设计有效的指标体系。

（一）从经济增长理论看，工业化后期制造业高质量发展的核心是生产效率不断提高

从经济发展阶段看，我国当前最主要的特征是经济发展已经进入了工业化后期，人民生活水平进入了转型升级的新阶段，这一特征对经济发展模式和经济发展动力具有根本性的影响。

1. 居民消费结构快速向服务型消费升级，对制造业发展提出了全新的要求

经济发展中描述消费升级的一个重要规律是恩格尔效应，也就是指当真实收入增长超过一定门槛时，居民的食品消费会逐渐饱和，对食品支出增长慢于收入增长，对非食品支出增长快于收入增长。恩格尔效应还可扩展到制造业产品上，广义恩格尔效应即指超过一定真实收入门槛值以后，对一般制造业产品消费逐渐饱和，对制造品支出增长慢于收入增长，对服务的支出增长快于收入增长。在高收入经济体的成长过程中，从制造品到服务的消费升级是个普遍现象。

图 1 描述了按不变价计算的 1947 年至 2017 年美国居民消费食品、其他工业品和服务的绝对值。由图可见，1947 年以后，特别是 1971 年以后，美国居民对食物和工业品的消费绝对额基本持平，也就是说，

在近50年的时间里，美国居民的新增消费基本是用于服务品的支出。

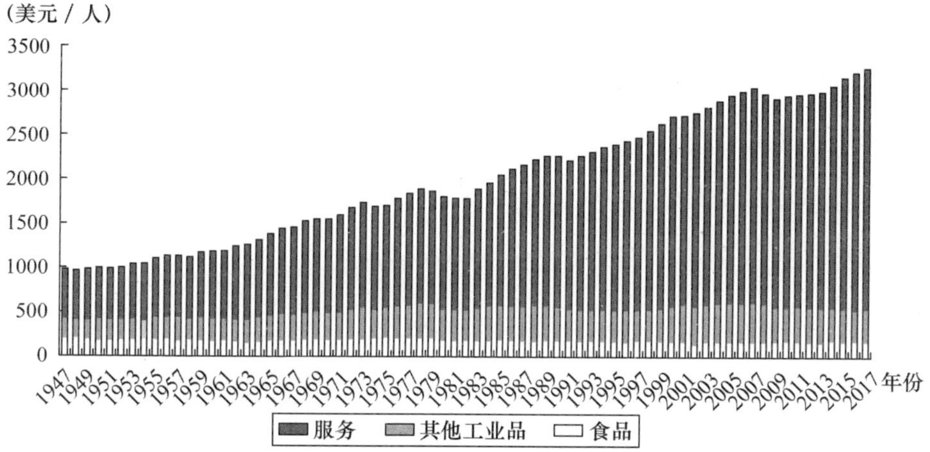

图1　1947～2017年美国居民消费支出变化（不变价）

资料来源：美国BEA。

2. 经济增长理论模型揭示工业化后期制造业发展的最核心要求是生产效率不断提高

为揭示工业化后期经济持续发展对制造业增长的新要求，本书建立了一个反映经济特征的增长理论模型。

模型假设经济中代表性消费者从工业品和服务消费中获得满足，其效用函数呈现拟线性的特征，具体形式为：

$$U(C_{1,t}+C_{2,t}) = \theta ln(C_{1,t}) + C_{2,t}$$

其中，$C_{1,t}$表示消费者在t期对物质产品的消费，$C_{2,t}$表示消费者在t期对服务产品的消费，θ为大于0的常数。消费者的消费函数符合马斯洛的需求层次理论，即消费者首先满足吃穿用住等生理上的需要，生理上的需要满足以后，其增加消费的边际效用快速递减，消费者会增加对精神、情感、归属等服务的消费。服务与工业品的边际替代率仅与服务消费量有关，与工业品消费数量无关。

经济中存在两种生产部门，一是物质产品生产部门（包括农业和工业品，下文中用工业品代替），表示为：

$$Y_{1,t} = AK_t^{a}L_{1,t}^{1-a}$$

其中 K_t 表示经济中的资本存量，只用于工业品部门的生产。$L_{1,t}$ 表示用于工业品生产的劳动力，A 是反映工业品生产效率的参数。

经济中的第二个生产部门是服务品生产部门，服务品生产部门仅采用劳动投入，不需要资本投入，表示为：

$$Y_{2,t} = f\ (L_{2,t})$$

进一步假设 $Y_{2,t} = BL_{2,t}$，其中 $L_{2,t}$表示经济中用于服务品生产的劳动力，$L_{1,t} + L_{2,t} = 1$，B 是反映工业品生产效率的参数。经济中的服务品不能储存，也不能用于下一期的投资，全部用于当期消费。

根据以上基本假设，可以得到关于制造业高质量发展的重要推论，即工业化后期，推动经济增长的最重要措施是促进工业部门效率提升，提高工业品规模和促进服务业发展的措施效果有限。这是因为在单纯的资本存量增加的情况下，经济中理性的消费者会相应增加工业品部门的劳动力投入，从而利用工业品的资本扩张效用。但这种扩张对整体工资水平的提升有限，因此对整个经济的拉动作用较小。而在工业品部门效率提升时，不仅工业品部门获益，由于服务业部门的工资水平相应提升，因此对整个经济都有更明显的促进效果（具体证明略）。

（二）本研究定义的工业化后期制造业高质量发展内涵

根据国内外的制造业发展经验，前期研究成果，以及本文关于工业化后期经济增长对制造业的要求，我们认为制造业高质量发展主要应包括四个方面的要求。

1. 产品质量不断提高，能够满足人们对美好生活的需要

经济发展的本质是满足人们的生活需要，而这种需要是随着经济发展水平不断提升的。党的十九大报告指出，中国特色社会主义进入新时代，我国社会主要矛盾已经转化为人民日益增长的美好生活需要和不平衡不充分的发展之间的矛盾。我国已经稳步解决了温饱问题，总体上实现小康，不久将全面建成小康社会，人民美好生活需要日益广泛，对物质文化生活提出了更高要求，这就表现在对产品的质量要求不断提升。

产品质量的提高，包括性能、寿命、安全性、可靠性、经济性和外观等各个方面的不断改善。这在食品消费升级领域表现得非常明显。改革开放初期，我们的主要任务是解决温饱问题，对质量的要求是次要的。因此在那个时候出现了杂交水稻，粮食数量的增长就是最重要的发展。但近年来，人们不仅要求吃得饱，还要求吃得好，吃得健康，要求“绿色有机”，对我国食品制造业提出了更高要求，也为产业发展提供了新的空间。

具体来看，制造品质不断提高，一方面要求各种产品的质量标准不断提高，在有些领域甚至可以达到引领世界的先进标准。只有质量标准稳步提升，才能够引导产品质量相应提升。另一方面，有了标准，产品的检查合格率应该提升，假冒伪劣商品应该越来越少，市场上的商品都是安全可靠的。

很长一段时期以来，我国产品在国际市场上是“质量低”的代名词，而德国、日本等国的产品则代表高质量。即便是在许多国内消费者的心目中，这种观念也根深蒂固。事实上，在很多领域，我国制造品的质量已经有了极大提升，有些甚至已经接近世界领先水平。例如，在消费品中，我国的纺织服装、家电、手机等的质量性能已经居于世界前列；在机械装备领域，一大批产品的质量也很高，比如高铁等。但是，总体上看，还有很大的提升空间。

2. 企业效益保持在较好水平，人均增加值不断提升

高质量发展必然要求体现为较好的企业效益。如果没有一定的经营效益，企业就不能很好地发展和升级，员工就得不到较好的收入，企业家就得不到很好的回报，经济长期发展就缺乏根本性支撑。

要想企业效益好，需要企业、产业结构和营商环境多方面的优化。从产业结构看，每个行业的竞争都应当有合适的“度”。不能过少，陷入垄断，损害上下游和消费者的利益；也不能竞争过于激烈，特别是陷入低水平同质化竞争，使得所有的企业都在低效益状态下运营。从企业方面看，要获得较好的效益，就要求企业产品有自己的特色，有一定的创新，或者更高的效率。从营商环境看，企业效益好还要求有公平竞争的环境，反对企业之间不公平竞争。

3. 国际竞争力不断提高，为经济发展提供更大的市场空间

当前我们处在一个高度全球化的经济环境中，制造业不可能只立足于满足国内需求，各国产品都需要参与全球竞争。如果不能参与国际竞争，企业就不能充分利用国际先进的技术，就必然在全球竞争中不断被拉开差距。

国际竞争力不断提高的一个最重要指标就是国际市场份额保持稳定甚至提升，特别是在中高技术产品上的份额稳定提升。只要国际竞争力不断提升，本国产品在全球的份额稳定并增加，就可以有更大的市场需求，还可借充分参与竞争之机，带动国内技术水平进一步提升，从而促进经济更好地发展。

4. 生产过程清洁高效，满足人与自然和谐发展的要求

绿色制造是高质量发展的重要要求。要建设美丽中国，建立健全绿色低碳循环发展的经济体系，构建政府为主导、企业为主体、社会组织和公众共同参与的环境治理体系，核心是要求制造业的生产过程更加清洁，环境更加友好。

制造业高质量发展还要求生产效率不断提高。经济发展的过程是技术进步的过程，要能够用更少的投入生产出更多更好的产品。提高生产效率，不仅是指劳动生产率不断提高，生产中使用更少的劳动力，还包括物料生产率不断提高，产品消耗的原材料越来越少。

反映生产过程清洁高效的指标很多，比如单位产值污染物的排放量、劳动生产率、单位产值耗水量、单位产值能耗等。

（三）制造业高质量发展的指标体系设计及分值计算方法

结合制造业高质量发展内涵的要求，综合考虑数据的可得性、代表性和国际可比性，本报告选定我国制造业高质量发展指标体系，如表 2 所示。

表 2　　制造业高质量发展指标体系

主要方面	采用指标	指标权重	
1. 质量效益	1. 出口产品质量指数	0.40	1/4
	2. 世界知名制造业品牌数		1/4
	3. 制造业劳均生产率		1/2
2. 国际竞争	4. 制造业出口显示性比较优势	0.20	1/2
	5. 生产的不易被替代产品种类数		1/2
3. 绿色生产	6. 制造业单位增加值能耗	0.20	1
4. 创新驱动	7. 研发投入强度	0.20	1/2
	8. 每百万人研发人员比重		1/2

在表 2 的 8 个指标中，前 6 个指标是反映高质量发展 4 个方面内涵要求的结果性指标，后 2 个创新驱动指标是支撑高质量发展的过程

性指标。通过结果性指标和过程性指标的配合，可以更全面地反映高质量发展的过程和结果。

（1）出口产品质量指数。出口产品质量是反映一国制造业整体质量水平的重要指标，2014 年及之前的指标值来自于国际货币基金组织（IMF），2015 ~ 2018 年根据 IMF 测算方法进行延伸。

（2）世界知名制造业品牌数。反映各国拥有全球知名制造业品牌的情况，数据来源于世界品牌实验室每年的《世界品牌 500 强》排名结果。

（3）制造业劳均生产率。指制造业增加值除以制造业就业人员总数，数据来源于世界银行和国际劳工组织。

（4）制造业出口显示性比较优势（RCA）。用（制造业出口/制造业增加值）/（全球制造业出口/全球制造业增加值）来计算，反映一国制造业的全球综合竞争力，数据来源于世界银行。

（5）生产的不易被替代产品种类数。指各国生产的只有少数国家（1 ~ 3 个国家）能够生产的产品种类数，不考虑农产品、资源性产品、木材加工、纺织服装等技术水平较低的行业。用以反映各国出口具有核心竞争力和控制力产品的能力，数据来源于 Trademap 数据库。

（6）制造业单位增加值能耗。指制造业能源消费总量除以制造业增加值。制造业单位增加值能源消耗量是反映生产过程中能源节约程度的重要指标，也与其他污染物排放有直接关联。工业生产中的污染主要包括废水、废气和废渣，以及各种噪声污染。其中多种废气、废渣污染与能源消耗量，特别是能源消费结构直接相关，数据来源于国际能源署（IEA）、CEIC 经济数据库和世界银行。

（7）研发投入强度。反映各国在创新驱动方面的投入情况，数据来源于世界银行。

（8）每百万人研发人员比重。反映各国在创新驱动方面的人员投入情况，数据来源于世界银行。

三、主要国家制造业高质量发展指标及得分情况

根据高质量发展指标体系，我们收集并测算了 27 个主要国家的制造业发展指数。这 27 个国家，既包括了美、日、德、韩等制造强国，也包括金砖国家，还包括近年制造业发展较快的越南、泰国等国家。

（一）各国制造业高质量发展指标情况

1. 出口产品质量指数

由于产品质量的多维度性、差异性和相对性，很少有一个综合指数能够较好地度量制造业的综合产品质量水平。所谓产品质量的多维度性是指对任何一个产品来说，其质量指标是多维度的，这些质量维度重要性不一，但往往难以准确量化和比较。例如，对于一辆汽车来说，核心质量指标一般包括 7 个方面，即动力性、燃油经济性、操纵稳定性、制动性、舒适性、行驶平顺性和通过性。所谓差异性是指不同产品的质量维度各不相同。例如，对于食品来说，最基本的是安全性，其次是营养价值和口味，这与汽车的质量维度是完全不同的。所谓相对性指产品质量水平是随着经济发展而不断变化的。例如，手机的质量标准现在与 10 年前已经有很大差别，相应地，同样一部手机，不同年代的质量水平也有很大差别。

出口产品质量是学术研究较多、能够较好地反映一国制造业整体质量水平的重要指标。与国内市场上销售的产品不同，国际贸易市场对各种商品的平均价格和市场份额变化有非常详细的统计数据，虽然

对出口产品同样没有统一的质量水平统计，但是通过各国出口产品在国际市场上的价格变动，以及相应的市场份额变动，可以通过一定的方法推测出隐含的产品质量变化。其背后的理论很直观，如果一国产品的国际市场份额有所增加，要么是由于其相对其他国家产品的价格在下降，要么是其相对质量水平在提升，或者是这两个因素的组合。因此，通过市场份额和相对价格的变化可以推测隐含的质量水平变动。

根据国际货币基金组织（IMF）的研究成果（Chris，Fidel & Nikola，2019），中国出口产品质量的排名不断提升。1980 年中国的出口产品质量指数为 0.77，在 136 个国家和地区中位列第 74 位，到 2014 年上升到了 0.95，在 165 个国家和地区中排名第 43 位，显著高于印度和越南等国，和土耳其、澳大利亚基本处于同一水平（见图 2）。

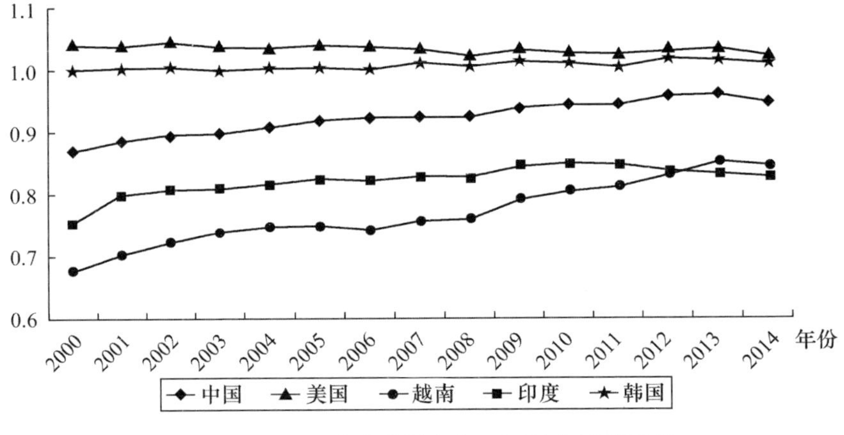

图 2　2000～2014 年部分国家出口产品质量指数比较

资料来源：IMF 数据库 https：//www. imf. org/en/Data。

IMF 测算的质量指数只到 2014 年，在该研究的基础上，本报告采用与 IMF 相同的测算方法更新了质量指数，到 2018 年，中国的出口产品质量指数为 0.97，比 2014 年提高 0.02（见图 3）。

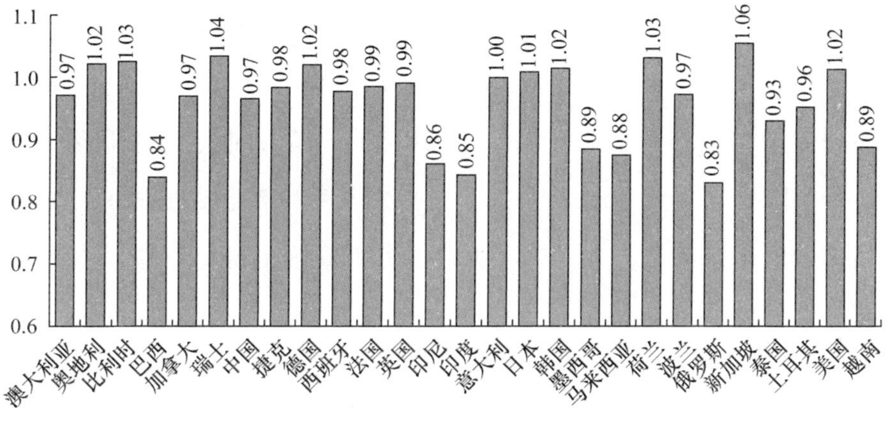

图 3　2018 年部分国家出口产品质量指数比较

资料来源：作者根据 IMF 的测算方法进行计算的结果。

2. 世界知名制造业品牌数

拥有世界知名品牌数量是反映一国制造业发展质量的重要标志。世界知名品牌具有极高的多方面影响力，可以帮助企业开拓市场、占领市场、获得利润，从而全面提高企业的发展能力。但对于各国制造业品牌的认定也有一定的难度，并没有国际机构或官方机构对各国品牌进行认定。在此，本文选用世界品牌实验室每年的《世界品牌 500 强》排名结果。世界品牌实验室从 2005 年起，每年根据各品牌的市场占有率（Share of Market）、品牌忠诚度（Brand Loyalty）和全球领导力（Global Leadership）这 3 个指标，对全球超过 3000 个品牌进行分析，并推出在世界最具影响力的 500 个品牌①。

《世界品牌 500 强》给出了各品牌的国别和所属行业，这些行业分布广泛，例如 2019 年的行业分类包括了互联网、软件、计算机与通信、电信、服装服饰、汽车与零件、餐饮等共 56 个行业分类。本文根

① 世界品牌实验室是由 1999 年诺贝尔经济学奖得主罗伯特·蒙代尔教授（Robert Mundell）担任主席的世界经理人资讯有限公司（icxo. com）的全资附属机构。

据这些行业，整理出2010～2019年世界品牌500强中，各国拥有的制造业品牌数量。从图4中可见，2016年以前世界品牌500强中，制造业品牌数量大致在215～230个，但2017年以后，制造业品牌数量开始显著下降。这主要是由于服务业，特别是数字经济快速崛起，相应的品牌价值迅速成长，并占据了世界品牌500强的部分席位。

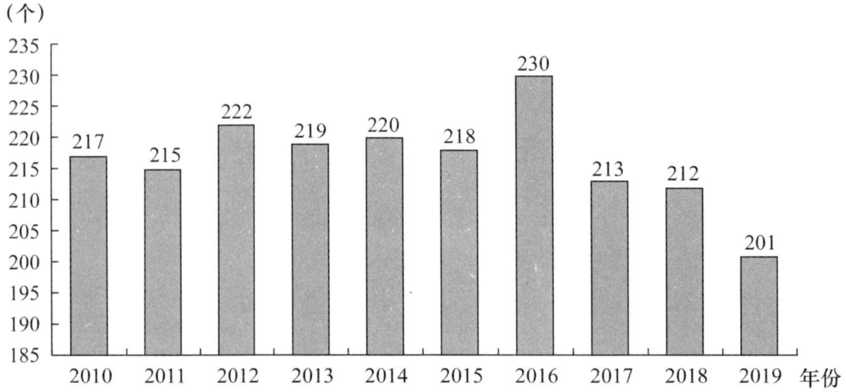

图4　2010～2019年世界品牌500强中制造业品牌数量

资料来源：历年《世界品牌500强》。

世界知名品牌的培育需要很长的时间，因此各国制造业知名品牌的数量实际上是各国制造业发展的一个滞后指标。但知名品牌的影响持续时间也长，因此其数量可以反映各国一段较长时期内制造业的综合实力。根据《世界品牌500强》的统计，2010～2019年，全球拥有知名制造业品牌的国家一共有24个，其中美国的品牌数量遥遥领先其他国家，2010年拥有78个，2019年降至60个。其次是日本和法国，2019年分别拥有30个和26个。紧随其后的是德国、英国、瑞士、意大利和中国，拥有的世界知名制造业品牌数量在11个到14个之间。日、法两国加上德、英、瑞、意和中国一共7个国家属于拥有知名品牌的第二梯队。其余各国拥有知名品牌的数量都在个位数（见图5）。

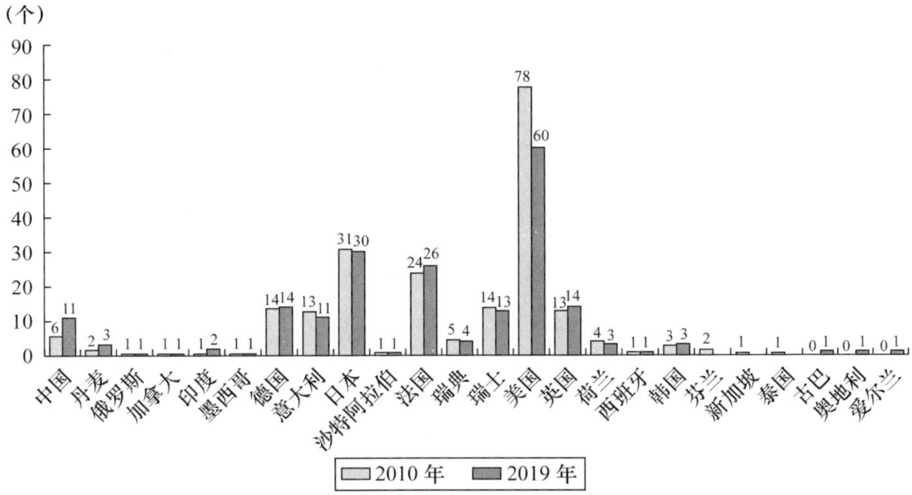

图5　2010 年和 2019 年拥有世界知名制造业品牌的国家及品牌数量

资料来源：历年《世界品牌 500 强》。

3. 制造业劳均生产率

制造业劳均生产率是反映各国制造业生产效率的最直接、最重要的指标。劳均生产率是各国生产工艺、技术、全球价值链位置、产品结构，以及信息化、智能化和数字化发展等多方面因素的综合反映。比较各国制造业劳均生产率时，第一个需要考虑的问题是价格的可比性，一些研究采用购买力平价法进行折算，但本文认为，与服务业不同，各国制造业本身就是根据各国汇率使用现价美元在国际市场上进行交换，因此，采用基于汇率法计算的各国制造业价值量具有内在合理性。

2018 年主要制造业大国的劳均生产率有极大差异。其中最高的是新加坡，劳均制造业增加值高达 23.3 万美元，其次是瑞士，达到了 21.4 万美元。新兴经济体中，越南只有 0.392 万美元，金砖国家中的巴西和印度分别为 1.7 万美元和 0.7 万美元。2010 年以来，主要制造业大国的制造业劳均生产率都出现了持续增长。例如，2010 ~ 2018

年，美国的劳均制造业增加值从 11.5 万美元增长到 13.6 万美元，韩国从 7.4 万美元增长到 9.7 万美元，中国从 1.2 万美元增长到 2.6 万美元（见图 6）。

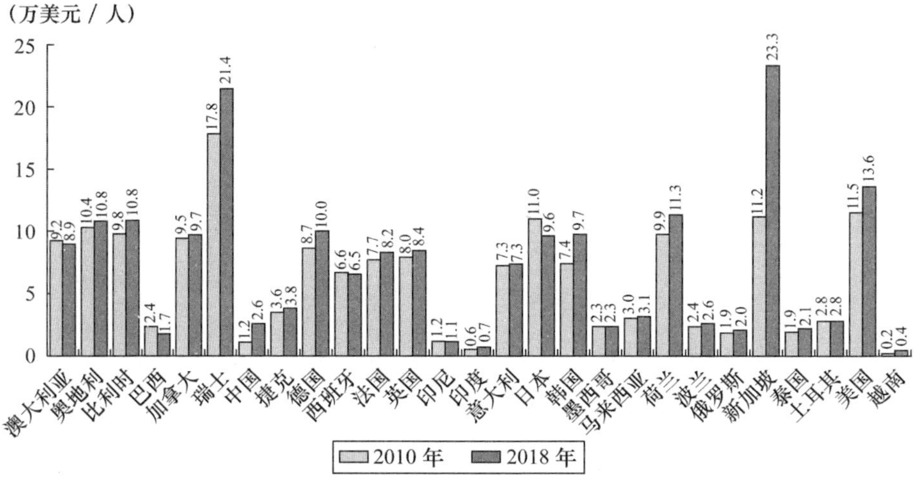

图 6　2010 年和 2018 年主要国家制造业劳均生产率增长情况

资料来源：WDI，ILO。

4. 制造业出口显示性比较优势

制造业出口 RCA 指数是反映某国家制造业出口相对优势的一个指标。一般认为，一国 RCA 指数大于 2.5，则表明该国该产业具有极强的国际竞争力；RCA 介于 2.5 ~ 1.25，表明该国该产业具有很强的国际竞争力；RCA 介于 1.25 ~ 0.8，则认为该国该产业具有较强的国际竞争力；RCA 小于 0.8，则表明该国该产业的国际竞争力较弱。

从绝对值看，RCA 指数受多种因素影响，并不能完全反映制造业的竞争力水平。从各国来看，规模较小的国家有可能出现并保持较高的 RCA 指数，而大国难以保持高 RCA 指数。例如，2018 年，越南、比利时、荷兰和新加坡的 RCA 指数分别为 5.6、5.6、5.1 和 4.3，而美国、中国和日本的 RCA 指数分别为 0.5、0.6 和 0.7。这是因为全球贸易市场的规模有限，如果大国保持较高的 RCA 指数，意味着将占据全球贸易市场的很大规模，其难度将远大于小规模经济体（见图7）。

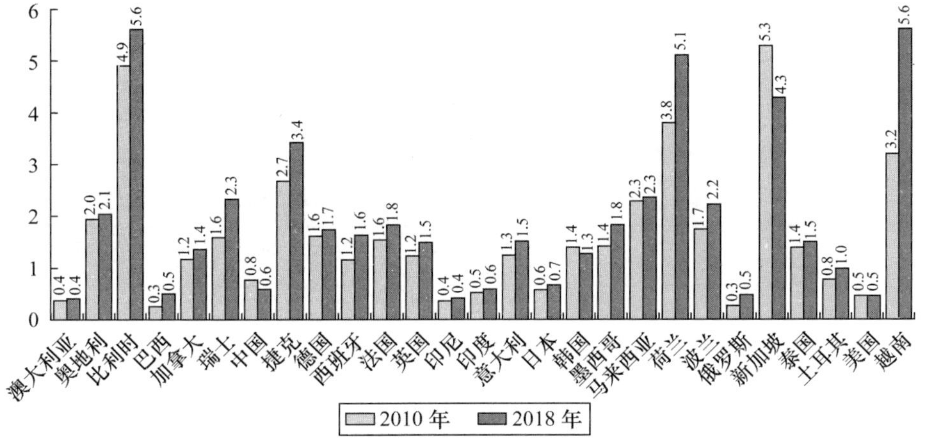

图7　2010 年和 2018 年主要国家制造业出口显示性比较优势

资料来源：WDI。

但从一段时期看，RCA 指数的变化能够一定程度上反映各国制造业国际竞争力的变化。例如，2000～2018 年，中国的 RCA 指数从期初的 0.76，增长到 2005 年的 1.00，然后持续下滑到期末的 0.61，反映了这段时期我国制造业的竞争优势呈先升后降的变化；美国从期初的 0.56 缓慢下降到 0.46，反映其相对优势在下滑；而越南从期初的 1.43 提高到 2018 年的 5.61，反映了其竞争力的相对提升（见图8）。

5. 各国生产不易被替代产品种类数

随着社会分工越来越细，各国生产不易被替代产品的种类数普遍呈增长态势[①]。从 2010 年到 2018 年，美国生产不易被替代品种类数从 14 种增加到 39 种，德国从 11 种增加到 40 种，中国从 10 种增加到 26 种，也有少数国家数量相对下降，例如法国从 14 种降至 12 种，瑞士

---

① 在每个 HS6 位码商品上，如果某国出口占全球总出口的 2% 以上，则定义该国为该商品的一个生产国。如果某种商品的全球生产国小于或等于 3 个，则定义该商品为不易被替代品。

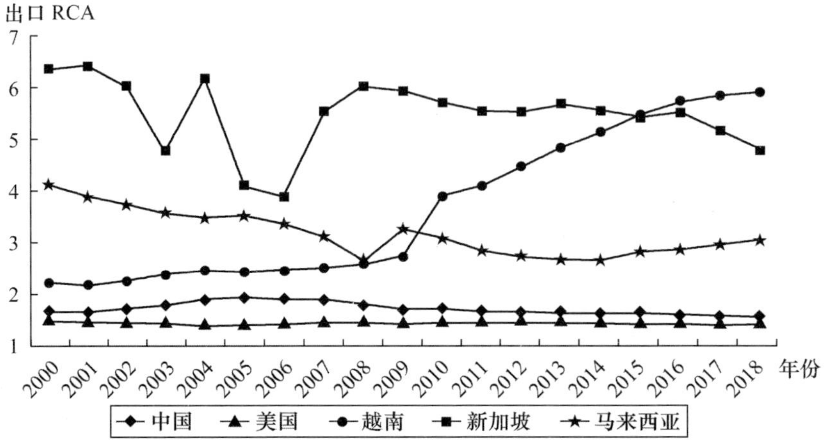

图 8 2000~2018 年主要国家制造业出口显示性比较优势的变化

资料来源：WDI。

从 9 种降至 8 种（见图 9）。

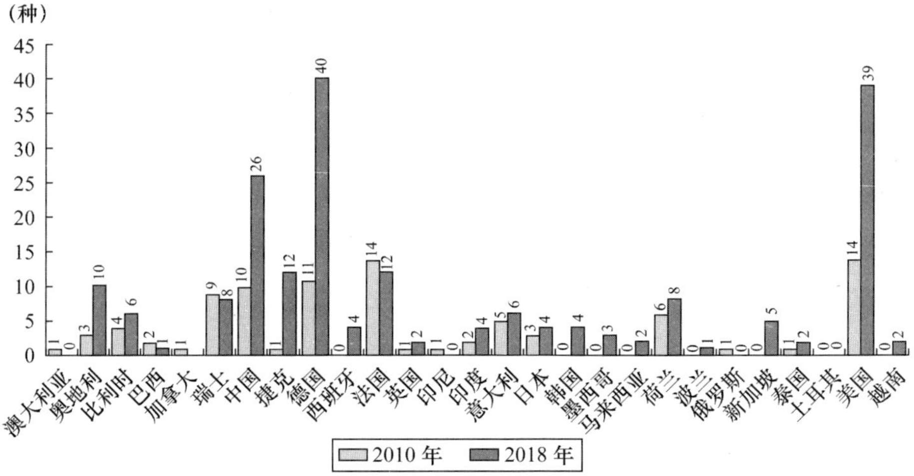

图 9 2010 年和 2018 年主要国家制造业生产不易被替代产品的种类数

资料来源：根据 UNCOMTRADE 数据计算。

从各国生产不易被替代产品的种类数看，美国、德国、中国是在全球制造业生产中居于重要地位的前 3 个国家。由于生产较多的不易被替代产品，在国际市场上具有较强的定价能力和一定的市场控制能力。

6. 制造业单位增加值能源消耗量

制造业单位增加值能耗的水平主要与产业结构及制造业生产效率有关，而其阶段性变化主要与工业化阶段有关。以高技术、高附加值为主的国家的制造业单位增加值能耗普遍较低，反之则较高。处于工业化早期和中期的国家，随着重化工业比重提升，制造业单位增加值能耗有可能增加，而已经完成工业化的国家，这一指标往往基本稳定并随着技术进步而缓慢下降。

在主要制造业国家中，单位增加值能耗的变化体现了不同工业化发展阶段的特征。例如，2010～2018 年，美国的制造业单位增加值能耗从 0.59 帕焦/亿美元下降到 0.45 帕焦/亿美元，日本同期从 0.41 帕焦/亿美元微增到 0.42 帕焦/亿美元。越南这一指标出现了较大的波动，2010 年时为 4.86 帕焦/亿美元，2013 年降至 3.63 帕焦/亿美元，但 2015 年又攀升至 5.19 帕焦/亿美元。印度的这一指标相对较高但基本稳定，2010 年和 2018 年分别为 2.33 帕焦/亿美元和 2.28 帕焦/亿美元。而中国的制造业单位增加值能耗则呈持续下降趋势，2018 年每亿美元增加值能耗为 1.00 帕焦，比 2010 年的 2.02 帕焦/亿美元下降 50%（见图 10）。

各国横向比较看，我国制造业能源效率处于中游水平，显著低于印度和越南等后发国家，低于能源资源丰富的俄罗斯，但仍普遍高于发达国家。2018 年，中国的单位增加值能耗为 1.0 帕焦/亿美元制造业增加值，约为俄罗斯的 1/3，为美国和法国的 2 倍（见图 11）。

7. 研究与开发费用支出

在国际竞争日益激烈的背景下，多数国家研究与开发（R&D）支出占 GDP 的比重呈持续上升趋势。例如，2010～2018 年，韩国的 R&D 支出占 GDP 比重从 3.47% 提升到 4.71%，在主要国家中居于最

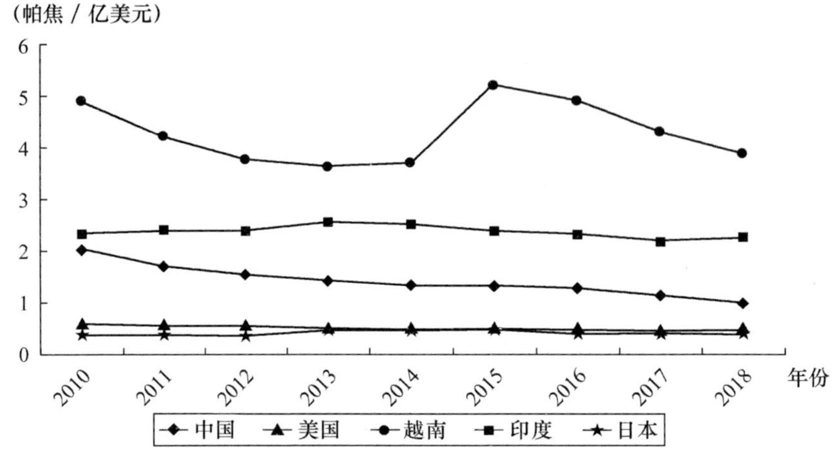

图 10　2010～2018 年部分国家制造业单位增加值能耗的变化

资料来源：WDI，EIA，CEIC。

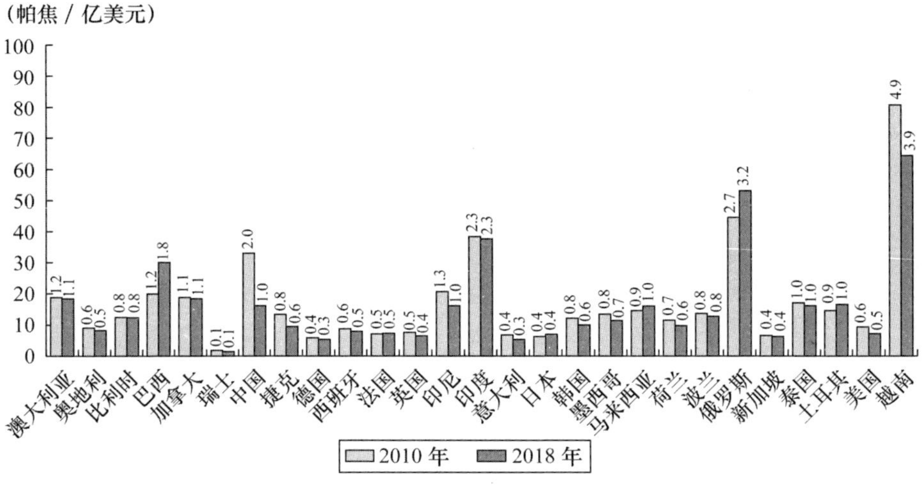

图 11　2010 年和 2018 年主要国家制造业单位增加值能耗的比较

资料来源：WDI，EIA，CEIC。

高水平。瑞士从 3. 12% 提升到 3. 51%，在主要国家中排名第 2。奥地利和日本在 2018 年都达到了 3. 22%，在全球主要国家中并列第 3。中国从 1. 71% 提升到 2. 21%，和法国、新加坡处于同一水平。

8. 研究与开发人员投入

研发人员的投入是获得创新的另一个重要方面，特别是对于发展中国家而言，大量的研发人员投入能在一定程度上弥补经费投入的不足，对于人口大国而言，研发人员也能形成一定的创新优势。

从每百万人研发人员数量看，依然是韩国在主要国家中居于首位，2018 年达到 7807 人。其次是新加坡，也接近 7000 人的水平。欧美主要发达国家研发人员数量基本在 4000～5000 人/百万人的水平上，例如美国为 4365 人/百万人，德法两国分别为 5138 人/百万人和 4533 人/百万人。我国的研发人员比重尚有较大差距，2018 年每百万人中仅有研发人员 1273 人，比 2010 年的 885 人提高 44%，平均每年增长 4.7%，但相比印度、越南等国仍有较大优势（见图 12）。

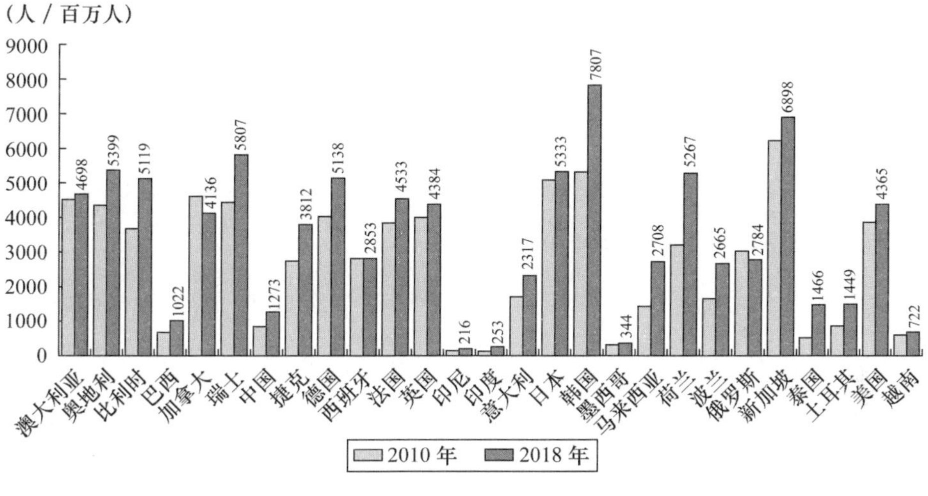

图 12　2010 年和 2018 年主要国家研发人员投入情况

资料来源：WDI，CEIC。

（二）各国制造业高质量发展总体指数

根据 8 个方面的指标，经加权计算得出 27 个主要国家的制造业高质量发展综合指数，2010 年和 2018 年的数值如图 13 所示。

美国、德国和瑞士的指数值超过 90，显著高于其他国家，属于第一梯队。这三个国家在 2010～2018 年，制造业高质量发展均取得持续

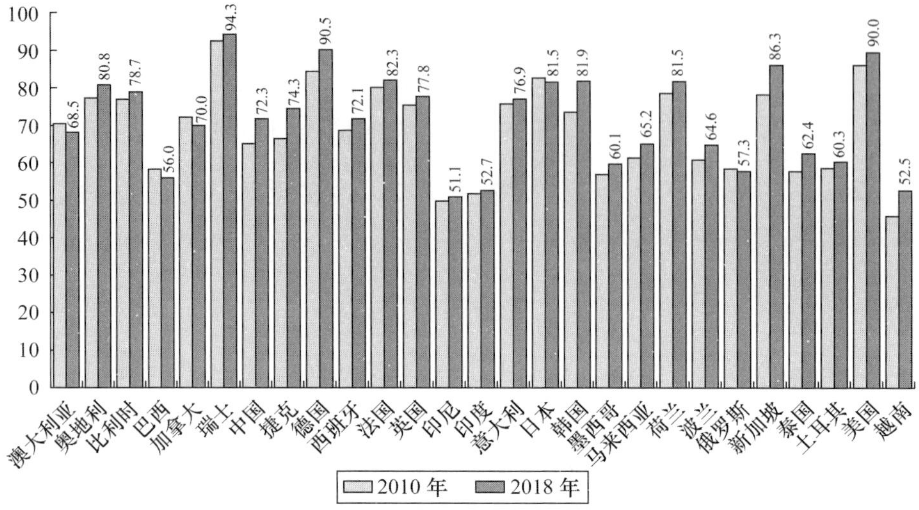

图 13　2010 年和 2018 年主要国家制造业高质量发展综合指数

资料来源：WDI，CEIC。

进步。例如，美国的高质量发展指数从 2010 年的 86.6 提高到 90.0，提高了 3.4 个点；德国从 84.9 提高到 90.5，提高了 5.6 个点；瑞士从 92.7 提高到 94.3，提高了 1.6 个点。

奥地利、法国、日本、韩国、荷兰和新加坡这 6 个国家的高质量发展指数在 80 ~ 90，属于第二梯队。在第二梯队中，位于欧洲的奥地利、法国和荷兰，在 2010 ~ 2018 年，高质量发展指数保持小幅增长，但基本稳定，而韩国和新加坡该指数分别增长了 7.6 个点，提高幅度较大。

位于第三梯队的主要有比利时、加拿大、中国、捷克、西班牙、英国、意大利这 7 个国家，高质量发展指数在 70 ~ 80。其中，中国的高质量发展指数从 2010 年的 65.2 提高到 2018 年的 72.3，在 27 个国家中提高幅度仅次于新加坡（7.6 个点）、韩国（7.6 个点）和捷克（7.2 个点）。其他位于第三梯队的国家的指数变化较小，其中加拿大还有所下降。

高质量发展指数低于60的主要国家有巴西、印尼、印度、俄罗斯和越南，其中除了越南指数提高幅度较大外，其他国家在2010～2018年提升幅度较小，巴西和俄罗斯出现了指数下降的情况。

我国的制造业高质量发展指数强项主要在出口产品质量、研发投入强度和生产的不易被替代产品种类数方面，而弱项主要在每百万人研发人员比重、制造业劳均生产率和单位增加值能耗方面。2018年与2010年相比，我国在制造业劳均生产率和单位增加值能耗方面均有明显进步（见图14）。

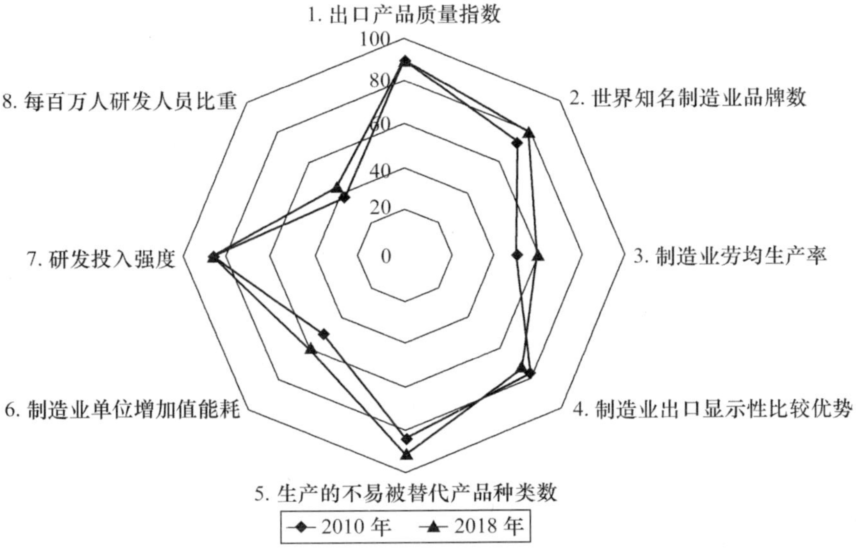

图14　2010年和2018年中国制造业高质量发展分项指数

与我国相比，美国和德国等强国在制造业高质量发展的各个方面得分都较高，没有明显的短板。例如，德国只在单位增加值能耗方面得分较低，2018年每亿美元增加值能源消费量为0.34帕焦，而同年瑞士仅为0.11帕焦。类似地，美国主要弱项在制造业出口显示性比较优势和单位增加值能耗上。除此以外，两国在出口产品质量指数、世界知名制造业品牌数、劳均生产率、不易被替代产品种类数、研发投入强度和每百万人研发人员比重等方面均居于较好水平（见图 15）。

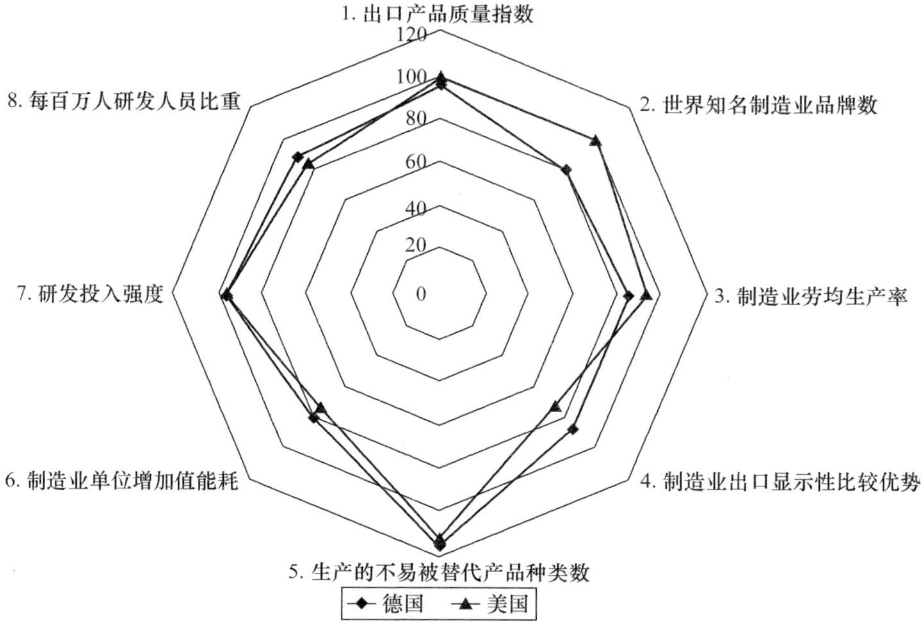

图 15 德国和美国 2018 年制造业高质量发展分项指数

执笔人：许召元

参考文献

[1] Chris. P, Fidel. P & Nikola. S, 2019, Quality Upgrading and Export Performance in the Asian Growth Miracle, IMF Working Paper, WP/19/259.

[2] 黄汉权．突破难点 系统推进制造业高质量发展．经济日报，2019-03-14（16）

[3] 吕铁，刘丹．制造业高质量发展：差距、问题与举措．学习与探索，2019（1）

[4] 孟凡达，乔宝华，秦海林．推动制造业高质量发展要对接五大需求．经济日报，2018-09-18（5）

[5] 阮文婧，武常岐，涂政．中国企业出口优势升级路径及其影响机制——以通讯设备制造业为例．国际经贸探索，2018（9）

[6] 张文会，乔宝华．构建我国制造业高质量发展指标体系的几点思考．工业经济论坛，2018-07

专题报告二

以产业链创新促进制造业高质量发展

创新是制造业高质量发展的动力来源。习近平总书记多次就创新与制造业发展的关系作过精辟论述。习总书记2020年4月在陕西考察时再次强调，要围绕产业链部署创新链，围绕创新链布局产业链，推动经济高质量发展迈出更大步伐。围绕产业链部署创新链，强调的是要强化产业发展中的科技支撑作用，根据产业链各个环节的需要，寻求创新机会，安排部署创新资源，尤其是针对产业链的瓶颈约束进行创新，解决各个环节的难点、堵点和痛点；围绕创新链布局产业链，强调的是，要基于我国已经形成的创新优势，加快实现专利技术成果的商业化、市场化，不断依靠科技进步提升传统产业水平和培育壮大新产业。以上两个方面可统称为产业链创新。

产业链创新需要从宏观和微观两个层面去把握。宏观层面要完善产业链协同创新体系，加强顶层设计，构建以政策为导向，以产业链为基础，以创新中心为核心，以信息交互、资源共享、技术交易为要素的开放式产业创新网络和创新体系；微观层面要以市场为导向，引导鼓励支持优势制造企业整合产业链创新资源，加强与各类创新机构的合作，对“卡脖子”关键技术和前沿基础性技术加强攻关，推动构建技术创新联盟，提高协同创新能力，带动全产业链发展。

一、制造业高质量发展需坚持产业链创新

（一）产业链创新更符合逻辑，国际上也有成功经验可循

产业链创新比单个企业各自单打独斗更有优势，既能发挥创新协同作用，又可避免产业链某一环节出现短板，对整个产业链形成瓶颈约束。在这个方面，发达国家有着相同或不同的经验。例如美国基于本国长期以来制造业逐渐外移造成的空心化问题，扬长避短，从更加具有优势的信息技术领域入手，率先提出工业互联网概念，从内而外、从上而下促进产业链创新，利用上游资源和平台优势牢牢控制制造业产业链条。德国在制造业领域拥有完备的产业链和先进的技术工艺，上下游产业链之间深度融合、开放式创新，但信息化水平并不是优势，为此，制造业企业积极联合上游信息和互联网技术企业，打造全产业链创新生态体系，力图实现工业4.0，将制造业向数字化、网络化和智能化创新方向整体推进，如在汽车行业，大众等整机企业、博世等零部件企业、SAP等上游软件及设计企业深度融合，整体推进全产业链创新发展。日本的产业链创新发展也很成功，日本的东芝、索尼、富士、松下等大企业聚焦核心技术和产品，产业链上下游的中小企业则跟随大企业利用长期积累的经验和知识协同创新。

（二）我国有最完整的制造业体系，为产业链创新提供了可能

据工信部资料，目前我国已经拥有41个工业大类、207个工业中类、666个工业小类，形成了独立完整的现代工业体系，成为全世界唯一拥有联合国产业分类中所列全部工业门类的国家。制造业体系完

整、门类齐全、配套完善，为产业链创新提供了良好的条件，有利于形成创新的网络效应，构建协同化的制造业创新体系。

（三）我国在创新环境方面有了很大提升

近年来创新投入呈现增长态势。据国家统计局数据，2018 年我国研究开发（R&D）经费投入总量为 19677.9 亿元，占 GDP 比重达 2.19%，自 2013 年 R&D 经费总量超过日本以来，一直稳居世界第二，科技进步贡献率高达 60%。创新产出成果丰富，截至 2019 年 6 月底，国内（不含港澳台）发明专利拥有量为 174.0 万件，每万人口发明专利拥有量达到 12.5 件。同时，在移动通信、互联网等高端产业领域，华为、腾讯、阿里巴巴等一批创新型高科技企业崭露头角。除此以外，我国还有一些创新高地，协同推动区域创新发展，如北京、上海等地，积极发挥国家自创区、高新区、经开区等辐射带动作用，不断在基础研究、原始创新和国家急需领域取得重大突破。

（四）近年来我国产业链创新有进步也存在一些短板

一是一些产业链环节技术进步速度快，与前沿的差距正在逐步缩小，“卡脖子”问题正在缓解，如机床、集成电路等产业；二是某些产业链环节技术差距一直在加大，创新发挥的作用不及预期，如共性软件设计开发等；三是随着市场的扩大，以前不重要的环节现在其重要性正在凸显，亟须全产业链创新突破发展，如电动汽车领域的三电技术等。

二、从华为看中国产业链创新成功实践[①]

（一）华为产业链创新的几个特点

龙头企业超强研发投入带动的产业链持续创新。“火车跑得快，全靠车头带”。华为作为我国移动通信产业链龙头企业，高度重视创新与技术研发，多年来持续保持了较高的研发投入强度。年研发投入占全年营收的10%以上，2018年研发费用占全年收入的15%。在《2018年欧盟工业研发投资排名》中，华为位列全球第五。在5G通信技术方面，华为共投入20亿美元用于研发，超过美国、欧洲关于5G研发投资总和。数据显示，截至2019年6月，华为已有超过14万个5G基站出口到国外。

最大限度整合国内外资源的开放式创新。华为除了自主创新外，还与其他研发团队合作，截至目前，与华为合作的国内外高校、科研机构和公司达1200多家。华为坚持吸纳全球优秀人才提升自身研发能力，设立人才基金，支持专门领域的科学家推动基础理论创新；构建无线应用场景实验室，重点研究无人机、车联网、VR/AR、无线医联、无线机器人等场景，以构建5G应用生态；资助“沃土计划”，构建以华为云为基础的开发者生态体系，成立华为云学院，为开发者提供全方位的服务。

以客户为中心、为客户创造价值的市场导向型创新。以客户为中心，为客户创造价值是华为的目标，也是华为产业链创新源源不竭的动力。华为以优质服务和技术取得下游的信任，积极通过各种途径将

---

① 《华为创新与知识产权白皮书》（https：//www. huawei. com/cn/industry - insights/innovation/huawei - white - paper - on - innovation - and - intellectual - property）。

创新成果贡献给消费者。截至 2018 年底，全球 500 多个运营商，211 家世界 500 强企业，48 家世界 100 强企业选择华为作为数字化转型的合作伙伴。例如，华为推出 RuralStar 农村网络解决方案，使 20 多个国家和地区农村的上百万人成功接入移动网络。

产业链上下游、大中小企业紧密合作的产业链协同创新。产业链创新是一个链条，链条上有任何一块短板都会构成对最终产品创新的关键制约。华为始终坚持在技术研发与产业合作过程中，与上下游合作伙伴协同创新、共同突破。根据有关统计，截至 2019 年 12 月 12 日，A 股华为产业链概念股共有 131 只，中小板华为概念股 49 只，创业板华为概念股 45 只。[①]

（二）华为对制造业产业链创新的启示

产业链创新须高度重视基础能力建设。华为早在 2012 年就开始开发自有操作系统，美国将华为列入实体清单，禁止美国企业向华为及其相关企业出口技术和产品后，华为启动了早有准备的 HMS 和鸿蒙系统，这使华为在危机面前，仍能站稳脚跟。华为的经验启示我们产业链源头创新的重要性，只有对“卡脖子”关键技术和前沿基础性技术加强攻关，在核心关键技术上不存在“卡脖子”的问题，才能始终立于不败之地。

知识产权保护与技术创新同等重要。华为认为知识产权保护是创新的必备条件，企业内部建立了高效运转的知识产权保护制度。通过交叉许可形式，实现华为内外部知识产权的保护、使用，促进全产业链共赢发展，同时注重知识产权的“商业化”，通过付费许可形式保

---

① 华西证券：《华为概念股名单一览、A 股华为产业链上市公司股票有哪些》，2019 年 12 月 25 日。

证外部企业对专利许可的合法使用，同时保护自身的利益。

产业技术联盟是产业链创新合作的有效途径。华为通过成熟区块链技术搭建全产业链创新的孵化环境。在产业链创新过程中，华为依托联盟，形成产业合作和产业集群，又通过区块链，实现互相信任，在此基础上，逐步形成区块链金融生态、区块链技术生态、区块链产业生态，为华为全产业链创新注入活力。

全面融入区域产业集群有助于产业链创新溢出效应最大化。粤港澳大湾区是我国最具创新活力、市场化程度最高的地区，华为积极融入大湾区建设，在2012年设立华为终端（东莞）有限公司，吸引周边上百家企业进行配套，形成“核心—外围”式业务布局，典型特征是“以制度建设为基础促进创新要素流动扩散、以企业为主体提升自主创新能力、以产业链关联为动力打造创新型产业集群、高新技术与高端制造无缝对接、核心地区与外围地区深度互动”，制度、技术、地理等各方面有利因素有力地促进了围绕产业链创新发展。

推进全产业链的数字化转型赋能制造业创新发展。数字经济是新一轮科技革命的主导力量，在经济社会中的作用越来越重要，我国数字经济的比重占总经济规模超过三成。华为致力于全产业链的数字化，将新一代通信技术、集成电路设计、云平台、移动终端等作为数字化的技术保障，将政府、企业、个人维度产品数字化，并通过这种数字化转型来赋能产业链创新发展。

三、促进产业链创新的政策建议

（一）构建以龙头企业为带动的产业链协同创新体系

遵循产业链创新的规律。一是发挥龙头企业对产业链创新的带动作用，整合产业链上下游、产学研用各方面资源，组建产业技术创新联盟，以市场为导向，完善利益分享机制，带动产业链上下游协同创新。二是增强产业链创新的开放性和包容性，大力支持以互联网平台为依托的众创等开放式创新模式。三是完善科技型中小制造企业的扶持政策，鼓励中小企业向专精特新方向发展，不断提升为大企业配套服务的能力水平。四是将制造业产业链创新与区域产业集群建设相结合，以长三角、珠三角、京津冀、中西部城市群为依托，重点建设若干先进制造业创新集群。加快推进5G、工业互联网等新一代信息基础设施建设，提升制造企业数字化创新的能力。

（二）以提升产业基础能力为重点促进产业链创新

统筹设计实施好“产业基础能力再造”工程。围绕制约制造业高质量发展的核心关键技术、基础材料、核心零部件、产业技术基础，充分发挥新型举国体制优势，整合资源，组织力量集中攻关，突破一批关键技术瓶颈；发挥超大规模市场优势，完善创新技术和产品国产化推广应用机制，有效满足国内对高端产品的需求，形成技术创新—市场应用持续迭代的良性循环。充分利用人工智能、大数据、互联网等新一代信息技术，构建制造业开放式协同创新网络，促进信息交互、资源共享与协同创新，更好地提升产业基础能力。

（三）在深化对外开放合作中提升产业链创新能力

扩大开放对产业链创新具有促进作用。一是探索建立外商投资的研发中心，引进前沿技术及相关研究人员。二是进一步落实高新技术制造企业政策，包括鼓励外资投向高新技术制造领域。三是实施标准化战略，积极参与国际标准制定，成为国际标准组织的重要领导者，推动中国标准“走出去”，从而助力我国制造业技术迈出国门，增强关键核心领域的国际话语权。

（四）深化产业链创新资源配置的改革

当前产业链创新还需要深化体制机制改革。一是政府需要从科技与经济结合的源头入手，以体制机制改革，打破科技资源管理部门分割、央地分割、军民分割。从对接机制入手，以项目共同申请、科技设备共享、基础设施共建为抓手，提升部门与市场和部门之间的创新合作，促进科技资源跨管理部门、跨行政区划、跨地域市场流动。扭转科技创新管理的碎片化和孤岛化、创新体系与经济体系明显脱节的现象。二是政府要加快职能转变，提升运行效率，避免在修正市场失灵的同时，因过分干预、与市场脱离而出现政策失灵的情况。要全面简化当前创新创业行政审批与监督检查制度，在高新技术企业登记、认定、审批行政流程中采取轻前置手续、重后续监管的方式，为高新技术企业快速挂牌成立、获取优惠政策资源、开展创新业务、生产创新产品、运营创新模式提供绿色通道。三是降低各类创新主体发挥作用过程中的非市场化障碍，减少在转型过程中出现与市场现实情况不匹配的政府无效供给情况，引入第三方机构与行业协会等市场主体参与政策制定过程，构建政策落实调查、审查、反馈机制，全面提升政府构建市场环境的政策供给质量。

（五）形成有助于产业链创新的市场环境

产业链创新离不开良好的市场环境。一是完善有利于创新的市场环境，建立完善的技术成果转化机制，营造良好的产业创新市场环境。大力发展科技中介服务业，建立统一开放的技术交易市场体系，提升面向产业创新全链条的服务能力，发展专利质押融资以提升知识产权运用效益，形成要素集聚、载体丰富、服务专业、资源开放的创新创业良好生态。二是营造公平、开放、透明的市场环境，建立符合国际规则的政府采购制度，扩大产业创新产品和服务的市场空间。大力发展技术产权交易市场，利用“互联网+”加速创新要素开放流通，利用创新技术转移模式促进科技成果转化行动，借助载体促进成果转化落地。三是推进政务公开体系建设，探索制定“政务公开法”“数据公开法”等法律。切实推进决策公开、执行公开、管理公开、服务公开、结果公开，同时紧贴科技创新发展背景，在依法加强安全保障和隐私保护的前提下，逐步开放各类数据，推动公共数据资源开放，方便全社会开发利用。四是加强创新知识产权的保护。加强事后监管，在强化监管力度、深化简政放权改革的基础之上，进一步探索新的监管模式，在完善事中事后监管体系的基础之上，探索人工智能监管、大数据监管等新型、高效的监管模式，打破信息孤岛，推动各级政府部门间的信息畅通度，提高监管效率，净化市场环境。

（六）加大财税金融相关政策支持力度

产业链创新需加大财税金融政策的支持力度。一是完善制造业企业相关的信贷政策，尤其是针对中小企业以及不同风险类型的企业实施差异化贷款政策以促进制造业高质量发展。二是扩大资金支持的来源和渠道，充分运用民间资本，激活产业创新活力。加快发展天使投资，出台促进天使投资发展的政策措施，健全适应创业投资行业特点的差异化监管体制。支持创新创业企业进入资本市场融资，推进科创板高质量发展。鼓励发展多种形式的并购融资，支持中小微企业通过全国中小企业股份转让系统融资、并购、交易。鼓励投资方积极参与从科技创新到商业化和产业化的全过程，促进创业企业快速成长，显著缩短创业投资回收周期。三是完善并创新制造业税收制度，深化增值税改革，持续推进减税降费效应的释放，切实减轻制造业企业税收负担。四是转变政府对科技创新的金融支持方式，重点发挥政府分摊风险作用，加强以市场发挥作用为主的运营模式。五是构建面向知识经济的以无形资产为基础的信用体系，如知识产权投融资体系、创业投资体系等。推进以民营银行为依托的科技金融投融资平台面向中小微企业创新需求的金融产品创新，建立知识产权质押融资市场化风险补偿机制，鼓励建立科技保险奖补机制和再保险制度。

（七）提高 R&D 人员投入的利用率

R&D 人员投入利用率低已经成为制约我国产业链创新的重要因素。《全国科技经费投入统计公报》显示，全国有高达 13 个地区近 10 年的平均值低于 50%，而 2016 年，仅有 8 个地区的 R&D 人员投入利用率高于 50%，说明创新投入资源存在浪费现象，资源利用率较低，迫切需要提高 R&D 人员投入利用率。一是可探索在各个企业建立类似监督机构，规范企业研究创新人员的日常行为。二是可设立激励机制，推动引进技术消化吸收，改善利益分配机制，以合同形式规定任务内容和时限，给予技术研究研发人员更大的自主权。三是注重人才的培养以提高人员投入利用率，着重引导高校、研究机构与企业携手，制定专业对口的人才培养方案、税收减免与人才培养专项资金等优惠政策，推动企业提供就业机会和人才职业规划。通过政府、企业、高校合作，加强科技人员对最新技术理论的掌握，完善技术人员的知识体系，培养一批面向引进技术再创新的专业化人才，提升引进技术再创新能力。

（八）提高对引进技术消化吸收的效率

在产业链关键环节引进技术消化吸收再创新是产业链创新的重要方式，但我国大部分省市对于引进技术的消化吸收停留在表面，空有资金投入，但并未产生与投入相匹配的产出，消化吸收的资金投入无法对新产品出口收入和出口竞争力产生影响，对于引进技术的消化、吸收与再创新没有产生实质性效果。一是应增加对引进技术研究的深度，提高新技术向新产品转化的效率；发挥好从引进技术研究到新产品转化的纽带作用，制订技术引进与吸收的年度计划，加强对引进技术与设施的宏观引导。二是采用风险投资的方式帮助企业承担风险，或对引进技术进行消化吸收的企业提供贷款和税收的优惠，通过与投资企业、社会资本财团建立互联关系，设立引进技术研究的专项基金并与科研人才评价体系挂钩，提高新产品竞争力。

执笔人：周　毅　刘雨枫

参考文献

[1] 赵昌文，魏际刚．促进中国制造业质量提升的政策建议．国务院发展研究中心《调查研究报告》，2017（103）

[2] 赵昌文，宋紫峰．建设现代产业体系需提升四大能力．经济日报，2020－03－31

[3] 杨建龙，李军．积极顺应全球产业转移趋势 努力掌握全球价值链重构主导权．国务院发展研究中心《调查研究报告》，2020（51）

[4] 许召元．加快提升产业基础能力，2019－11－13（12）

[5] 李燕．夯实产业基础能力打好产业链现代化攻坚战．中国工业报．2019－09－12（2）

[6] 国务院发展研究中心课题组．借鉴德国工业 4.0 推动中国制造业转型升级．北京：机械工业出版社，2018

[7] 华为创新与知识产权白皮书，2019－06

[8] 华为区块链白皮书，2018－04

专题报告三

智能制造促进制造业高质量发展

近年来新一轮科技革命和产业变革方兴未艾，人工智能技术的蓬勃发展及应用，为智能制造深化发展、工业“智能化”升级提供了更有利的技术条件。发展智能制造，抢占全球未来产业制高点，已成各国共识。在新时期新形势下，深入理解、推进智能制造，对于助力制造业高质量发展具有重要意义。

一、制造业的演进趋势及智能制造的内涵

（一）智能制造的内涵及关键特征

智能制造是新一代信息通信技术赋能的制造。具体来说，“智能制造是基于新一代信息通信技术与先进制造技术深度融合，贯穿于设计、生产、管理、服务等制造活动的各个环节，具有自感知、自学习、自决策、自执行、自适应等功能的新型生产方式。”① 智能制造对于制造的技术、经济特征都进行了重构。技术上，高度自动化的决策和执

---

① 工业和信息化部、财政部：《智能制造发展规划（2016－2020年）》（工信部联规〔2016〕349号），2016年12月。资料来源：http：//www. miit. gov. cn。

行，较少的人力参与，更多的知识和科技赋能；经济上，更加高效、节约，有利于永续发展。

1. 智能制造的关键特征

智能制造的英文表述有两种，“Smart Manufacturing”和“Intelligent Manufacturing”。二者描述智能的角度略有不同，但其本质特征是知识和技术驱动的高级自动化，通俗来说就是借助信息技术提高生产率，其主要特征是以用户为中心、聚焦于创新型劳动创造价值、生产要素自组织、过程自优化、全流程可监测可控制等。从各生产阶段看，智能制造有五个关键特征：

一是设计的智能化。设计是工业生产中最复杂、考量因素最多、决策不确定程度最高的环节。计算机辅助设计是计算机发明以来对工业设计的重要贡献。然而，利用大量云端知识所赋能的制造设计，才能从更大意义上减轻设计者的重复性劳动，提升设计的效率和质量。

二是生产的无人化。生产是制造业中所需劳动力最多的环节。生产的少人化或无人化是大型工厂的理想，可以减少人力成本的压力和劳资关系的复杂性。机器生产线的产生节省了大量人力，但在很多产业、很多环节还有使用大量劳动力从事非标准化工作或使用人力更便捷更节约成本的情景。利用智控机床、智能机器人和人工智能应用技术实现的制造技术和流程是未来工厂的核心特征。

三是检验的机器化。检验是决定产品质量和消费者感知、效用甚至安全、健康的最后一道防线。从初级产品到加工制成品，除了特定场景下应用的机器视觉、探伤等自动检验技术外，还需要大量手工检验。未来的智能制造，将更多依赖机器、软件检验，不仅让质检员告别枯燥的工作，还会提高产品合格率和良品率。当然机器检验的能力还需要有经验的质检员来帮助不断提升。

四是储运的自动化。在大企业的生产过程中，原材料、中间品/半成品、最终产品的仓储和转运经常会消耗大量的人力和空间。智能制造领域，正在通过搬运机器人、自动导引车（AGV）、生产物流智能调度系统等的应用，不断实现仓储物流系统的高度自动化，甚至无人化。在24小时运行工厂、物流投入多样化分散化、有危险运输作业场景以及生产流程、投入需求等频繁变更的企业中，这一特征对于生产效率的保障显得尤为关键。

五是运维的云端化。大企业的运维和售后服务是最耗费后期成本和人力的环节。从及早预测或搜集售后客户反馈信息，到诊断问题、及时决策、现场解决，往往需要较长的周期，耗费企业自身和客户的大量精力，有时因运维的不及时还会造成重大损失或矛盾。智能制造技术将使生产和售后环节紧密衔接、及时感知用户侧设备的使用状态，让云端运维、远程运维、自动化运维逐渐成为现实，并不断提升服务水平。这将是智能制造对制造业和其他行业总体服务价值和满意度产生贡献的重要环节。

2. 智能制造与工业4.0、工业互联网、两化融合等概念的联系和区别

一方面，四个概念之间紧密联系。在现阶段，智能制造与工业4.0、工业互联网、两化融合都是强调利用信息技术赋能制造业，从而促进制造业在生产力和生产关系上的转型升级。另一方面，四个概念之间也有所区别。如果仅考虑制造业升级的侧重点，那么智能制造更强调智能技术的赋能，而工业4.0、两化融合、工业互联网、工业自动化更强调信息、互联网、自动控制等技术的影响，分别对应工业的数字化、网络化、自动化。从此意义上看，智能制造，特别是全行业、国家级的智能制造是制造业信息化升级的未来方向（见表1）。

表 1　智能制造与工业 4.0、工业互联网等概念的联系和区别

对比维度	智能制造	工业互联网	工业 4.0	两化融合	工业自动化	工业智能
开始年份	1992	2012	2011	2002	20 世纪中叶	2019
起始国家	美国/日本	美国	德国	中国	—	—
倡议群体	产业界/政府	产业界	产业界/政府	政府	产业界	组织
工业/制造	制造	工业	工业	工业	工业	工业
侧重范畴	技术	技术/经济	技术/经济	技术/经济	技术	技术
侧重阶段	智能化	网络化	数字/智能化	数字化	自动化	智能化
概念普及	广泛	广泛	广泛	国内	历史	有限

在我国目前的产业发展概念中，智能制造与工业互联网是近义概念，只是在一些语境下，前者以制造为出发点，后者以网络或信息技术为出发点，且在有的语境下倾向于基础设施。智能制造与制造业智能化（工业智能化）基本上是同义概念。

（二）制造业发展变革的目标方向

为实现各代人的总体和局部、短期和长期兼顾的幸福健康，需要形成实现绿色、循环永续、以人为中心的经济发展模式，要求未来制造业具有高效化、可不断优化、可全程监管等特征，以智能化提高效率、创造更多价值（见表 2）。

1. 价值制造——创造更多用户价值

用户总效用的最大化不仅是制造业产量的最大化，还需扩大生产可能性空间、为用户定制、引领用户需求等。在以前的机器大生产时代，出现了多次因生产过剩、供求失衡导致的经济危机，对资本主义及全球经济产生了重大冲击。利用网络化的、有用户画像的、用户定制驱动的智能制造技术可以更好地连接用户需求和企业生产，让企业的生产目标更明确、更准确，真正实现市场驱动、供求平衡，实现经

济效益和社会价值的最大化。

2. 绿色制造——节约要素环境投入

当前全球发展的一个重要关切点是对于资源的大量耗用，导致现有经济模式的不可持续。经济快速发展中，自然资源、环境、劳动力等方面存在着各种约束，产生很多生态、经济和社会问题。可持续的制造业高效率发展必须要利用新技术和新的管理理念模式打破这些限制，实现资源节约、环境友好、减少重复劳动以实现循环永续的发展。智能制造作为其中最通用的技术，可重复利用知识的历史积累提高生产效能、节约要素投入，将成为绿色经济中最重要的支撑技术。

3. 高效制造——提升生产率

整个制造业的一个优先目标是在既定的时间、资源和人力等投入的基础上，以更快速度生产出更多、更好的产品，以满足日益增长的生产和生活的需求。对于企业来说，要满足激烈的市场竞争、国际竞争的需要。智能制造利用信息技术进一步提升生产的自动化程度，最显而易见的贡献或对制造业的改变，就是提升制造业的生产效率，以及提高需求改变情况下的适应速度（柔性生产），让制造业在大规模机器化生产之后产生又一次生产力的革命。

4. 平台制造——支撑经济社会变革

制造业不仅自身直接面向消费者和其他生产者的需求，也会支撑其他服务业或农业的发展，从而间接支撑经济社会发展的需求。因为制造能力在某种程度上可成为整个经济社会发展的基础能力和平台能力。智能制造技术的不断累积和平台化、基础设施化将会极大促进其他产业的快速发展，为生产生活赋能。

表 2　　智能制造对制造业发展目标的贡献

目标	制造目标	智能制造的贡献	其他领域的贡献
价值制造	为每个用户创造更多的价值	个性化定制、提高产品质量、扩大产品集合等	新工业领域、新制造模式
绿色制造	减少资源、环境、人力等消耗	减少人工使用、降低库存和消耗量等	新材料、新能源、循环经济
高效制造	在同等资源、时间条件下生产更多产品	自动化生产和物流	高端装备、管理提升
平台制造	为其他行业提供更多更好的生产工具和产品	增加对通用设备、智能产品、公共设施等的供给	其他基础设施

（三）智能制造在制造业、国民经济发展中具有战略地位

智能制造在制造业、经济社会发展中具有战略地位。一方面，智能制造是颠覆性创新的领域，是制造业的大脑及神经系统，将对制造业产业格局带来重大的变革性影响。智能制造能力不强的话，制造业就很难强。另一方面，我们也应看到，智能制造是国家制造业竞争力核心的一部分，但不是全部，智能制造能力提升将会极大促进工业基础能力提升，但无法替代工业基础能力。

1. 生产的赋能者——生产工具中的生产工具

智能制造是制造业中的通用基础能力，其实现和能力提升将影响到几乎所有其他的制造业包括装备制造业，是名副其实的第二产业中的生产性产业。提升智能制造的核心能力，将会产生极大的赋能作用和规模效应，可以说是“一本万利”的产业。智能制造也将在其他制造领域和其他服务领域的未来发展升级中起到重要支撑作用，充分利用智能制造技术将会更快、更多地提供符合生产生活需求的产品和服务。

2. 转型的支撑者——产生新的基础设施

智能制造能力本身可能随着各类平台的产生和智能化应用，形成

实时支撑全社会发展的设计和生产能力。智能制造与其他制造领域和服务领域互动关系的加强，将使智能制造成为国民经济整体竞争力的重要部分，乃至国家竞争力的核心部分。因此，智能制造本身就会成为国民经济中最关键的产业发展长期竞争力。

3. 创新的驱动者——产生重大技术、流程、模式创新

智能制造技术的不断迭代升级，不仅会利用，也将会促进和带动信息技术、制造技术的变革。智能制造是制造知识、自动控制和自动决策等一系列复杂过程的结合。智能制造的演进升级是全流程、全生命周期的，必然伴随着一系列新技术的突破，也将激发管理理念、生产流程、商业模式等进行一系列创新和变革。因此，智能制造是新时代科技创新的重要驱动者。

二、我国智能制造的发展阶段、现状及关键问题

（一）我国智能制造仍处于初级发展阶段

从技术产业发展上看，我国智能制造尚处于初级发展阶段，技术和商业模式等都处于探索发展中。从政策环境看，我国相关部门和地方政府都对智能制造给予了重视，推动了相关产业发展和升级，取得了一些进步和成绩。

1. 制造业总体智能化程度不高，但发展空间巨大

我国制造企业智能制造应用程度依然不高，但典型企业应用在不断加深中。德勤对200多家典型制造企业的一份调查显示，主要制造企业的智能制造贡献率的主要区间，从2013年的低于10%，上升到2017年的10%~30%，显示主要制造企业的智能制造应用程度正在不断提高。到2018年底，工信部遴选的智能制造试点示范项目已初步建

成208个具有较高水平的数字化车间/智能工厂。[①]

我国智能制造未来潜力巨大。在智能制造相关软硬件领域，我国已成为全球最大的市场之一。2019年我国工业软件市场规模达1949亿元，同比增长16%；工业软件产品实现收入1720亿元，增长14.6%，对支撑工业智能化发展起到了重要作用[②]。2018年我国工业机器人销量超过15万台，占全球市场的36.5%，其中内资品牌销量4.1万台，市场占有率达27%。数据显示，中国机器人市场的销量已超过北美、日本、德国，可见我国制造企业正不断加大对新技术设备的应用（见图1）。

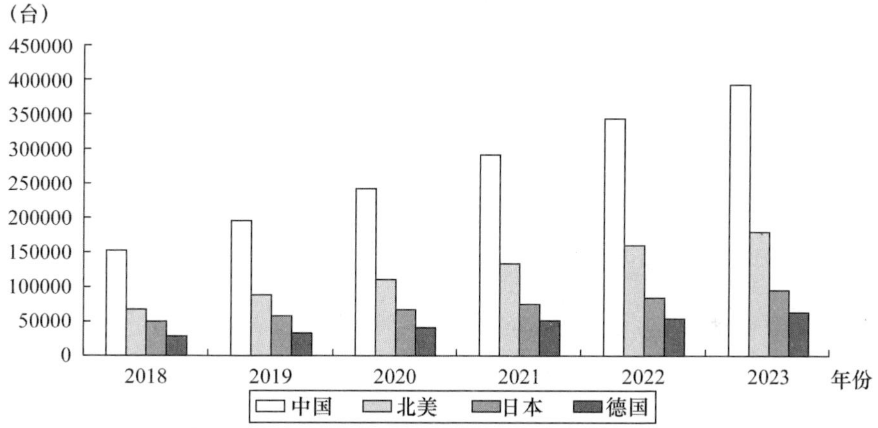

图1　2018～2023年主要国家工业机器人历史及预期销量

资料来源：IFR、德勤。

2. 智能制造典型企业不断显现

近年来，我国很多企业投身于智能制造研发及应用的浪潮中。目前涌现出四类典型企业：第一类是工业控制、工业软件及解决方案提

① 中国305个智能制造示范项目生产效率平均提升37.6%，中国日报网，2018年12月12日，https://baijiahao.baidu.com/s?id=1619668551776760045。

② 2019年软件和信息技术服务业统计公报，工信部网站，2020年2月3日，http://miit.gov.cn/n1146312/n1146904/n1648374/c7663865/content.html。

供商；第二类是大型行业应用企业，如大的央企等；第三类是大型互联网企业及运营商，主要提供网络、平台及云方案；第四类是创新创业企业，对智能产品等特定细分领域深耕细作，开发设备及应用。此外，还有咨询公司等上下游企业（见表3）。

表3　我国智能制造典型企业情况

类　别	典型企业	提供产品
核心软硬件及解决方案提供商	数码大方、和利时、用友等	核心软硬件
行业应用企业	中船、商飞、富士康等	行业应用场景
互联网企业及运营商	阿里巴巴、中国电信等	平台及网络基础设施
创新创业企业	小米等	前沿技术和产品

3. 智能制造投融资活动日益活跃

根据投资平台数据①，2013 年以来，我国智能制造企业的投资活动不断增加。尽管依然有一半左右的智能制造创业企业尚未进行商业投资，但投资交易次数、投资总额、每笔投资均值等均呈现总体上升趋势。到 2018 年，投资交易量增长超过 3 倍，投资额增长超过 5 倍。此外，参与智能制造投资的国内投资机构（VC/PE）数量也在不断增加，从 2010 年约 150 家上升到 2019 年约 1000 家。

4. 研究创新体系不断加强

一些园区、企业、高校及研究机构相继建立了与智能制造有关的研究院。如 2016 年，由南京江北新区主导，南京扬子国资集团、地方产业投资基金和产业资本联合成立的中德智能制造研究院；浙江大学机械工程学院和苏州市吴中科技创业园共建的“苏州智能制造研究院有限公司”；霍尼韦尔中国等多家企业设立或联合设立的智能制造研究院。这些各种类型的研究机构促进了智能制造相关研究。

① 投中信息（投中研究院）：《2019 中国智能制造行业发展现状及趋势》，2019 年 4 月。

5. 公共服务体系加速健全

标准体系加快健全。2018 年 8 月，工业和信息化部、国家标准化管理委员会发布了《国家智能制造标准体系建设指南（2018 年版）》。2017 年初，工业互联网产业联盟（AII）发布《工业互联网标准体系框架（版本 1.0）》报告；2019 年初，发布了《工业互联网标准体系（版本 2.0）》报告①。2017 年以来，工业互联网产业联盟（AII）发布了工业互联网平台通用要求等 10 余项标准②。

业内交流会议更加活跃。2016 年以来每年年底，江苏省人民政府与工业和信息化部连续举办多届世界智能制造大会。2017 年以来每年年初，中国信息通信研究院和工业互联网产业联盟连续多年举办工业互联网峰会。

6. 政策环境不断完善

从政策环境上看，我国智能制造政策环境不断完善。从 2015 年国务院发布《关于积极推进“互联网 +”行动的指导意见》等政策以来，国家及各部门发布了十余项与智能制造有关的重要文件。其后，地方政府也积极推动相关工作，进行了相关部署。此外，在增材制造（3D 打印）、机器人、高端装备等一些细分领域，相关部门和地方政府也出台了大量政策文件，完善发展环境（见表 4）。

这些政策文件的出台及实施为制造业的数字化网络化智能化升级指明了方向。到 2018 年底，工信部遴选了 305 个智能制造试点示范项目，涉及 92 个行业类别，拉动投资超过千亿元人民币。

---

① http：//www. aii - alliance. org/index. php？ m = content&c = index&a = show&catid = 25&id = 482。

② http：//www. aii - alliance. org/index. php？ m = content&c = index&a = show&catid = 25&id = 842。

表 4　　我国近年来发布的与智能制造有关的政策文件

年　份	发布部门和文件	主　题
2015	国务院《中国制造 2025》	智能制造
2015	国务院《关于积极推进“互联网 +”行动的指导意见》	“互联网 +”协同制造
2015	工信部《工业和信息化部贯彻落实〈国务院关于积极推进“互联网 +”行动的指导意见〉的行动计划（2015—2018 年）》	智能制造
2016	国务院《关于深化制造业与互联网融合发展的指导意见》	制造业与互联网融合
2016	工信部《信息化和工业化融合发展规划（2016—2020 年）》	信息化和工业化融合
2016	工信部等两部门《智能制造发展规划（2016—2020 年）》	智能制造
2016	工信部等两部门《智能制造工程实施指南（2016—2020 年）》	智能制造
2016	工信部等三部门《发展服务型制造专项行动指南》	服务型制造
2017	国务院《关于深化“互联网 + 先进制造业”发展工业互联网的指导意见》	工业互联网
2017	国务院《新一代人工智能发展规划》	智能制造
2018	工信部《工业互联网发展行动计划（2018—2020 年）》	工业互联网
2020	工信部《关于推动工业互联网加快发展的通知》	工业互联网

（二）各国智能制造发展情况

国内外有一些研究对各国智能制造发展情况做了对比。如中国经济信息社[①]等的研究显示，总体来说，中国处于全球智能制造发展的

① 中国经济信息社指数中心、中国（常州）智能制造创新研究院：《全球智能制造发展指数报告（2017）》，https://finance.sina.com.cn/roll/2018-05-19/doc-ihaturfs6672173.shtml，2020 年 5 月 2 日访问。

第二梯队，美国、日本、德国等制造和信息产业强国处于第一梯队。表5简要对比了美、德、日、法四国和我国在智能制造发展方面的情况。

由此可看出，我国企业除了在工业网络及平台方面外，总体上核心竞争力仍远远落后于美、德、日、法等主要发达国家。这些发达国家，无论在“智能”，还是在“制造”等方面都有着多年积累形成的领先优势。

（三）我国智能制造发展还存在着一些关键问题

我国智能制造深化发展面临着本土技术不强、数字化基础薄弱、工业核心基础有所不足、制造业服务化水平不高、人才就业转型困境等若干问题。深入推动智能制造是一个长期的重大实践课题。

1. 核心智能技术及基础设备供给严重不足

在工业软件（如CAD/CAE、ERP等）、工控芯片及系统等核心技术设备方面，我国企业依然严重依赖进口。这直接影响到我国智能制造的发展动力。如果核心技术一直依靠国外供给，那么我国智能制造的发展潜力和主动权将大大降低，同时会导致较为严重的产业安全和信息安全问题。

2. 我国工业数字化基础薄弱

我国工业企业特别是广大中小企业的数字化水平依然不高，总体上处于从工业2.0到工业3.0的过渡阶段。在信息化基础薄弱的情况下，我国智能制造的发展潜力和速度受到很大的制约。在一些基础的制造业数字化标准方面，我国标准体系还不健全。

3. 工业核心基础依然不扎实

我国在机器人、机床、高端装备等领域还存在工业基础不扎实的

表 5　各国智能制造发展情况

发展因素	细分类别	衡量指标	美国	德国	日本	中国	法国
产业基础	工业软件	知名企业	洛克希德、GE、NASA、波音等	SAP、西门子、大众	装备企业 嵌入式系统	—	达索、雷诺
	工控芯片及 EDA	知名企业	TI、ADI、Intel、Xilinx、安森美	英飞凌	瑞萨	—	意法半导体（合资）
	工业网络及平台	知名企业	思科、GE、艾默生、霍尼韦尔等	西门子、SAP	—	华为、阿里巴巴、航天云网等	施耐德电气
	工业机器人	出口占比①	4.1%	11.8%	32.9%	4.4%	5.8%
	工业数字装备	知名企业	通用、霍尼韦尔	西门子、博世	日立、松下、三菱电机	—	施耐德电气
	工业总体数字化基础	发展阶段	工业 3.0→4.0	工业 3.0→4.0	工业 3.0→4.0	工业 2.0→3.0→4.0	工业 3.0→4.0
公共战略	战略情况	主要政策	先进制造 工业互联网 智能制造	工业 4.0	智能制造 工业价值链	工业互联网 智能制造 两化融合	新工业法国
	组织推动	组织	IIC	工业 4.0 平台	—	AII	—

① 资料来源：http://www.worldstopexports.com/top-industrial-robots-exporters/，2020 年 5 月 2 日访问。

问题。工业核心基础能力尽管不是数字化的核心能力，但往往工业领域与数字化转型能力高度相关。我国必须在加强智能制造能力的同时，加快提升工业核心基础能力，否则智能制造缺少产业基础，很难产生良好的联动和乘数效应。

4. 智能制造融合型人才供给存在缺口

在工控芯片和软件、工业网络、工业设计、智能制造服务等技术以及管理方面，我国还存在融合型人才不足的问题。一方面是高端技术和管理人才不足，另一方面是工程师和相关技术工人供给不足。

三、智能制造对制造业高质量发展及产业变革的影响

智能制造将带来生产方式即生产力、生产关系的一系列变化乃至变革，进而影响人们的生活方式和社会关系。

（一）智能制造对生产方式和经济效率产生影响

长期来看，智能制造有利于促进供求衔接、密切供应链联系，有利于产业各环节的联动、重组，在生产要素的组成及各要素的边际收益、各类生产要素的内涵、组织方式等方面产生一系列影响。经济影响还涉及智能制造带来的思维管理方式的变革，其他行业被智能制造赋能，对整个经济运行效率产生影响。

智能制造的发展和应用会增加技术和资本的边际贡献率。智能制造中，有较高技术水平、有一定通用性的技术及管理技能将会获得更广泛的应用，对生产效率和产出提供更大的贡献，企业将会更加依赖于智能制造系统的实施和升级，并以此推动整个企业的管理和竞争力升级。各类工业机器人、工业智能化系统等应用技术能力随着各类知

识、软硬件系统的成熟和复用，不断吸引资本加大投资，使得大量资本化的资产运用到整个制造业运行中。此外，大量针对新技术研发的投资等也会不断加强。由此，源自复杂科学和经验并在不断产品化、资产化的技术和资本生产要素在生产资源中的作用不断增加。例如，2017 年徐工集团的全球第一条转台智能生产线，产量可提升两倍。

智能制造将会弥补一些创新型国家在劳动力人口上的不足。对于美国、日本等国，智能制造可以很大程度上弥补劳动力成本过高、人口老龄化、特定领域技术工人缺乏等人力困境。近年来，我国人口也呈现出老龄化的趋势，制造业用工成本上升较快，特别是在东部地区，以至于一些省份出现了制造业大规模外迁的担忧。由于在缓解制造业用工成本增加方面具有巨大潜力，智能制造将在未来的产业升级中发挥出重要作用。在未来制造业的生产要素配置中，技术和资本的比重会逐渐增加，劳动力特别是简单劳动力的比重会逐渐减少。

（二）智能制造促进生产流程和社会分工优化

制造的智能化，将对生产流程产生深刻影响。要求所有生产要素或资源的数据化、可操控、可组织优化等，要求所有流程的可连接、可监控、可设计、可优化、可增减，要求所有生产主体或经济主体能动态优化地参与社会分工。例如，浙江台州建成了中国第一家能同时生产常规动力、混合动力、纯电动以及更先进车型的智能工厂，显示了智能制造在促进生产流程优化和效率提高方面的极大潜力。另外，生产流程将更多地从车间扩大到整个企业，再到整个供应链上下游及国民经济体系、全球化经济体系。生产流通各环节也将更紧密地连接起来，更容易促进组织方式、管理形态、商业模式的创新。

智能制造，也将对社会分工产生深远影响。经验的知识化、数理化和规则化将显得更为重要，更易复用、传承，成为基础的、通用的、可长期发挥作用的生产要素的一部分。劳动（经验、决策知识）将向着（固化的）技术和知识资本转移，有形资产更多向着无形的技术和知识资产转化，不可复用、不可定制、较为专用的固定资产向着可复用、可定制组合、更为通用的固定资产演变。另外，智能制造的发展，能使传统产品的生产部门要素投入相对下降，研发设计新的升级消费品的生产部门要素投入上升。

（三）智能制造催生了新的产业组织和商业形态

1. 智能制造时代可能形成新的产业组织模式——走向开放的大工厂

智能制造，使制造业的生产组织更加网络化、模块化，便于柔性生产。面向社会化的制造资源调度和统筹组织能力显得更加重要，新的一批领先企业、平台、组织等将会脱颖而出，打破传统的制造业社会化组织方式，形成新的格局。

2. 智能制造时代新商业模式和产业形态的出现

智能制造将极大促进产品/服务提供方式、商业模式的创新发展，未来产品和服务将更多融合在一起进行提供，面向用户进行提供，形成新的价值体系。

一是大规模个性化定制出现并不断降低门槛。智能制造，特别是在线模块化设计、3D 打印/增材制造、设计与生产的无缝连接使基于网络、利用已有设计库和创意知识、用户驱动的定制化设计、生产和供给变成了现实。现有的大规模个性化定制随着各环节智能化能力的提升，变得更容易应用和实现，特别是消费者、购买者更便捷地实现个性化的定制。这将带来制造业领域的供需对接方式、价值理念和商业模式（如订单式生产）的重要变革。

二是综合性制造业生产和服务平台正在成为具有广泛影响力的新型组织。智能制造各环节的智能化能力的集成，正在形成各类智能制造（也有说工业互联网）平台。目前这些平台只是具备了一定的网络化生产、运维、电商等服务的功能，未来这些平台必将不断创新、演进升级，融合进设计、调度、计算服务等各类功能。平台上各模块的自主化程度（可深入设计）、自动化和智能化程度将会进一步提高，数据、知识和流程创新等驱动的制造业智能化将不断提升平台的影响力。在遥远的将来，可能会形成平台的垄断。

三是网络化智能化的工业软件和数据、知识未来将成为最核心的商业资产。在工业 3.0 时代，工业软件已成为工业领域最重要的工具。进入工业 4.0 时代，工业软件不仅不会被淘汰，还将不断迭代升级。工业或制造业的智能化最终是由智能化的软件来实现的，其基础则是传感器、芯片、智能连接的控制机械等硬件和自动化制造的用于机器学习的生产数据、经验知识和控制参数。智能制造的核心优势是这些智能化能力和知识经验的累积。这些知识资产将成为企业最有价值、可重复利用（但有着较高流通再应用门槛）的资产，其应用将带来巨大的规模效应。

（四）智能制造对全球及国内区域间产业转移及分布有一定影响

制造业各环节的传统要素禀赋的可得性、成本及效率在各国或地区间一定时期内的差异，对跨国公司及其他大企业在不同区域间的实体分布、内外合作分工及采购来源等产生着影响，对各国制造业在全球化竞争之后形成的产业布局发挥着决定性的作用。

智能制造促进先进制造业发展和落后制造业外迁。随着智能制造技术的提升、普及和深度应用，智能制造与传统制造将会紧密融合、互相促进和带动。未来将会进一步促进智能制造技术和产业集中地区的制造业加快升级。智能制造技术的研发及应用，会提升相应地区应对传统制造业产业链外迁对经济增长造成不利影响的能力。引导先进制造业增加投资和升级，也会促进消耗型制造业的外迁。

智能制造促进部分环节产业的分散化布局。基于网络协同的智能制造技术的应用，也将在一定程度上促进制造业生产要素的分布式协同。当然，这种协同主要是研发、供求对接、供应链协作、异地生产协作等，在实际生产、物料运输等方面难以取得替代性的效果。因此，智能制造技术在信息流驱动的企业生产经营过程中起到了重要作用，在部分环节促进产业的分散化、平衡化布局。

（五）智能制造带来就业及分配结构的变化

智能制造时代将是人和自动化机器协同生产的时代，不仅是“机器换人”，还有新的就业体系、就业结构的建立。我国需要加快优化供给和分配机制。

智能制造对就业结构产生影响。智能制造将会导致工业大数据挖掘、制造过程分析、工业数据标注、制造软件研发、平台服务、智能制造装备和元器件研发等方面的人才需求大量增加，同时导致一些相对简单的技术、管理、体力劳动、技术运维和客服等一般性岗位的需求逐渐降低。一方面出现“机器换人”，另一方面创造新的就业岗位。

智能制造对收入结构的影响。智能制造也会由于对劳动者需求结构的改变，导致收入分配结构的调整。对于基础软硬件研发、平台应用开发、数据挖掘和过程研究等通用产业环节的高能力劳动者，其就业市场将扩大、收入将增加。而对于一般体力劳动者、客服人员和管理劳动者，其就业市场将会不断缩小、收入下降。

四、打造智能制造时代我国制造业核心竞争力体系

国家应在智能制造领域进行战略布局，重点是建立和强化核心能力体系。这一能力体系包括智能制造核心技术装备体系、智能制造的流程再造和管理变革能力、智能制造的供应链联动及配套服务能力、智能制造时代新的基础服务体系以及良好的政策环境等。

（一）构建智能制造核心技术装备体系并不断创新演进

智能制造的基础核心技术体系，涉及各类建模、对传统关键基础制造技术的辅助研发能力等。最重要的是工业软件及工控系统的升级和数据处理能力，打造高端智能装备。

一是加快弥补工业软件能力。Autodesk、SAP、西门子等跨国公司取得了重要的先发优势。智能化时代，全球性已有的功能平台将不断迭代演进、更加集中；而一些新功能平台的竞争者，也往往依托着原有 CAD、CAE 等工业软件的开发优势。对于供应链受到阻隔的中国智能制造产业，建立较全的工业智能软件和基础硬件体系显得更为重要。

二是夯实智能制造装备提供能力。数控机床、机器人、传感采集等软硬件结合的智能制造技术和装备产品体系的健全对于整个智能制造领域解决方案能力的形成也较为重要。制造技术和自动控制、人工智能技术的结合在不同的装备制造领域，需要有形成体系化的能力。如珠海一家企业研发成功了全球第一张数控机床采集卡，可提取工厂里 160 多种品牌、200 多种型号的数控机床中的数据，实现跨越不同数控机床品牌的互联互通。

三是提升工业大数据分析和辅助决策能力。工业大数据分析对于制

造业企业的流程优化、管理提升、商业价值的实现至关重要。除了日常的生产控制外，生产中产生的大量数据具有重要的生产决策价值，而目前多数企业中的大量数据未得到很好的数据汇集和挖掘分析。未来将需要一些第三方或属于大企业的专业工业大数据分析的技术服务企业或团队，以充分利用智能制造技术，全面提升整个制造业的效益。

（二）提升智能制造的流程再造和管理变革能力

智能制造的关键能力，还涉及覆盖制造企业乃至上下游全流程的联动及管理决策自动化，涉及适应数据及智能分析的管理观念变化、管理制度体系的优化变革、管理流程的改造/再造等，需通过大型制造企业和解决方案提供商的探索。

一是基于数据和自动控制提升扁平化管理能力。智能制造中大量信息融合技术的应用，使制造业各环节的连通性和协同程度极大增加，这将大大减少传统企业中协调各生产环节的工作量和效率损失。但前提是这些企业基于已有的管理经验和智能制造系统紧密地结合（其中可能涉及智能制造或工业互联网系统的定制化应用），因此在应用前往往需要投入较长的时间和较大的成本。各环节协同、控制和调度等人力消耗的减轻，将解放管理人员，让其更加专注于企业的管理。企业管理也会更加依赖于采集自生产全过程的各环节的数据乃至外部的协同数据，进行更全面、科学、及时的决策，有时甚至是自动化的预警或决策，并可由此进行更精准的反馈、操控、处置。企业须将数据和控制能力提升为便捷生产和管理能力。

二是利用信息物理系统升级推动制造领域管理变革。智能制造便利科学管理的同时，也使未来的制造业企业决策更加依赖于智能制造系统。这一方面依赖于早期的信息系统投入，另一方面在管理运行和升级过程中，也会使得决策严重依赖信息系统的在线或远程协同。而智能制造系统的应用、维护和升级将会大量依赖信息基础设施的投资。从长期来看，基于智能制造的管理改革和提升需要长期的重视和投入，才能实现管理变革和技术演进的双向促进。

（三）提升智能制造的供应链联动及配套服务能力

智能制造的变革还体现在整个生态链、供应链上，即整个上下游企业之间的智能化互动，以及上下游服务能力升级、供应模式的匹配。

从微观上看，智能制造需与管理紧密结合，打通企业内外的供应链。当前的智能制造更多是面向生产过程，面向企业决策和全流程供应链管理的制造升级依然有限。一个简单的例子是，一个企业配置了高度自动化智能化的设备、生产线和生产控制软件，却未能与内外部的供应链管理系统升级紧密融合联动，未实现供应链管理的智能化和管理理念的升级，这使智能制造局限于一个环节，对企业或关联方整体的效能提升作用有限。

从宏观上看，智能制造要推动整个国家的制造业升级，必须与企业之间的联动协同和行业的管理调控结合起来。从制造业升级需求和趋势看，智能制造不仅是企业级的智能制造，在将来更应成为、更会成为集团级、集群级、区域级、行业级乃至国家级、全球性的智能制造。实际上，这不仅是技术上、系统上的生产力升级，更是管理上、流程上、行业组织和运营模式上的生产关系升级。从具体实现路径来看，需要加快探索企业间软件平台、运行数据、运营流程、管理关系、控制信息等的协调贯通，结合国内外制造业升级经验，加快团体和行业层面的智能化标准和管理规范的探索、成熟和应用，结合疫情时期行业管理需求和经验，加快企业智能制造系统改造与国家宏观调控和行业管理系统演进的紧密结合。将来，智能的制造业管理和宏观调控必将成为国民经济高效、安全运行的重要组成部分，我们必须高度重视智能制造的宏观管理，加大投入力度。

（四）建立智能制造时代新的基础服务体系

制造企业智能化水平的普遍提升依赖于全社会基础支撑能力的提升，需要重视各类公共服务平台、基础设施以及人才体系的建设。

1. 智能制造带来整个产业形态和产业体系的变化，对基础设施和公共服务体系的变革提出了重要需求

智能制造作为一种变革性的技术，对产业的改变更多从企业内的探索应用开始。随着应用程度加深，智能制造成为各工业企业乃至多个产业的发展方向。企业之间的数据和技术互通，流程和观念的协同变革，要求提供长期、外部性的基础设施、标准等公共服务体系。在国内外，一些联盟、行业组织、标准化组织、公益性研究机构等在智能制造和工业互联网等发展中都起到了重要的推动和服务作用，如美国的工业互联网联盟（Industrial Internet Consortium，IIC）、中国工业互联网联盟等。一些运营商、私营企业或公私合作机构提供的智能制造或工业互联网平台、标识解析体系等，也在智能制造大发展中发挥着重要作用。

2. 智能制造的快速发展需要人才、资金等要素的保障

智能制造是一种跨学科、跨领域的融合型技术和管理科学，需要大量新的复合型科学家、工程师、数据分析师、技术工人、管理人员和咨询师。新技术的研发、试验和商用化，公共领域标准、公共服务平台和组织的建设等，还需要大量的企业研发资金或公共投资资金的投入。此外，相关政策研究、国际交流等需要一些公共机制的保障。这些人才、资金、政策等的保障，对智能制造的可持续发展是重要的

支撑，在国家或企业的规划中，需继续予以高度重视和保障。

3. 加快建设面向智能制造的基础设施

基础设施是智能制造时代的重要基础能力。我国需打造智能制造时代的新型基础设施，为制造企业的数字化智能化转型，提供良好的公共基础资源和服务。

一是推动制造业各环节的数据联通及协同应用创新。加快标准和规则体系的完善，推动智能制造上下游企业及消费者/用户之间的数据衔接、信息互通、流程协同，在数据安全/保护基础上便利数据的创新挖掘，推动管理机制和商业流程实现根本性的效率变革。加强政府的制造业公共数据平台、公共数据集的建设。

二是促进工业互联网及云平台建设。面向 CPS（信息物理融合系统），前瞻性做好工业互联网的标准化体系建设，推动工业软件的云化和移动化，建设功能强大的、面向应用不断迭代的工业互联网平台，建设广泛覆盖的工业物联网。建立上下游联动的应用驱动发展体系，在基础软件、网络、平台能力等方面做到不受制于人。

三是推进制造业装备和设施的智能化改造。在经济和技术可行的基础上，对一些制造业装备和物理设施进行智能化升级改造，推动智能工业机器人、智能化生产线的创新及应用，以提升数字化、网络化和智能化的应用基础，使得制造业的传统基础设施完成智能化升级的进程。

（五）营造智能制造的良好发展环境

利用公共组织推动智能制造实践。智能制造重在路径探索，由先行企业率先形成示范效应。可发挥政府部门的公信力作用，协调组织“资产学研用”联合，推动各方对接交流合作，积极推广制造业数字化网络化智能化方面的最佳实践，加强国际合作，推动公共服务能力的建设。

加快完善智能制造中涉及的数据监管规则。完善负面清单制度，进一步加快探索并明确智能制造涉及的跨境数据流动、数据流通、隐私/商业秘密、新技术数据安全、新模式下数据垄断等关键问题，提升政府监管手段。提升制造业数据规则等的话语权，推动相关全球治理能力的建设。

形成有利于智能制造持续发展的良好行业文化。要形成以用户为中心、绿色制造、循环制造、精益制造的智能制造相关制度和行业文化。服务用户、保障质量、传承企业家精神及工匠精神等文化因素是智能制造长期发展的关键要素。在制造强国建设中，打造高质量制造品牌的理念尚需进一步深化。必须建立与智能制造新技术相适应的可传承的制造业文化及其制度保障，让从事制造业的企业家、管理者把价值、质量、用户、社会等理念内化在企业的日常经营管理中，这样才能保障制造业的长期高质量发展。

执笔人：刘铁志

参考文献

[1] 国务院发展研究中心课题组．借鉴德国工业4.0推动中国制造业转型升级．北京：机械工业出版社，2018

[2] 周济，李培根，周艳红，王柏村，臧冀原，孟柳．走向新一代智能制造．Engineering，2018，4（1）

[3] 周佳军，姚锡凡，刘敏，张剑铭，陶韬．几种新兴智能制造模式研究评述．计算机集成制造系统，2017，23（3）

[4] 黄群慧．论中国工业的供给侧结构性改革．中国工业经济，2016（9）

[5] 王友发，周献中．国内外智能制造研究热点与发展趋势．中国科技论坛，2016（4）

[6] 肖静华，毛蕴诗，谢康．基于互联网及大数据的智能制造体系与中国制造企业转型升级．产业经济评论，2016（2）

[7] 纪成君，陈迪．“中国制造2025”深入推进的路径设计研究——基于德国工业4.0和美国工业互联网的启示．当代经济管理，2016，38（2）
[8] 周济．智能制造——“中国制造2025”的主攻方向．中国机械工程，2015，26（17）
[9] 延建林，孔德婧．解析“工业互联网”与“工业4.0”及其对中国制造业发展的启示．中国工程科学，2015，17（7）
[10] 吕铁，韩娜．智能制造：全球趋势与中国战略．人民论坛·学术前沿，2015（11）
[11] 曲道奎．中国机器人产业发展现状与展望．中国科学院院刊，2015，30（3）
[12] 张曙．工业4.0和智能制造．机械设计与制造工程，2014，43（8）
[13] 朱剑英．智能制造的意义、技术与实现．机械制造与自动化，2013，42（3）
[14] 赵杰．我国工业机器人发展现状与面临的挑战．航空制造技术，2012（12）
[15] 路甬祥．走向绿色和智能制造——中国制造发展之路．中国机械工程，2010，21（4）
[16] 杨海成，祁国宁．制造业信息化技术的发展趋势．中国机械工程，2004（19）
[17] 雷源忠．美国制造业的发展战略、研究近况及我们的对策．中国机械工程，1994（2）

专题报告四

制造业与服务业深度融合促进高质量发展

我国虽已成为全球规模最大的制造业国家，但发展相对粗放。面对市场需求个性化、多样化趋势以及日益激烈的国际竞争，不断上涨的各类要素成本，制造业未来发展的挑战不小。推进制造业高质量发展，需多措并举。其中，促进制造业与服务业融合是一项重大战略举措，有利于促进制造业转型升级、提升竞争力、深化社会分工、提高经济运行效率以及增进社会福利。

一、制造业与服务业融合的典型方式

制造业与服务业深度融合，从外在表现或实现路径上看，是通过多种方式或途径来进行的。如果不考虑投资并购导致的隶属于同一企业集团的简单业务多元化，制造业与服务业的融合大体有嵌入、衍生、转化、合成、赋能五种方式。其中，前两种是初级融合阶段，后三种是深度融合阶段；前四种是微观层面的融合，最后一种是宏观层面的融合。

（一）相互嵌入——价值载体的集成化

这是指产品伴随着相关服务一起卖（如企业卖产品的同时卖售后服务、保险服务等），集成提供给企业客户或消费者。提供产品或服务的商业思维是不同的，从事实体经济的综合性企业集团，已越来越多地同时提供产品和服务。这些产品和服务有关联性，但又不是密不可分地耦合在一起。这些产品和服务的供给者，有时是由一个大集团的不同子公司提供，有时是由关联企业或合作企业提供的，但对于购买方或消费者来说，往往是结合在一起提供或消费的。世界知名的壳牌集团、通用电气、IBM 等公司都是同时提供能源、装备、服务器等产品及相关的商业、运维、定制化解决方案等服务。

（二）相互衍生——流程分工的专业化

一方面，在制造企业专业化发展过程中，从两个层次衍生出服务业务。

一个层次是近端衍生。与制造环节相关度较高的生产性环节，如在研发外包或信息技术服务外包、运维（如三一重工的服务化）等非核心制造环节，产生了很多服务化的典型实践。

另一个层次是远端衍生。在与制造环节相关度较弱的生产性环节中将其服务化。如宝钢在钢铁制造业的发展中，将其财务融资、钢铁销售等环节的业务模块独立运作，形成了宝钢财务公司、欧冶钢铁网等专业服务公司。

另一方面，在服务类企业的延伸发展过程中，也衍生出制造相关业务。比如，在宜家、沃尔玛、家乐福等大型商业零售企业的运营中，产生出定制制造特定品类产品的业务。

（三）相互转化——供需网络的综合化

制造和服务在商业活动中高度耦合、化合、密不可分，制造业和服务业的商业思维和经验彼此渗透和借鉴，制造和服务理念的融合对整个企业的运营产生了深刻的乃至根本性的影响，最终形成了服务和产品紧密耦合的综合性供需关系。

一是在企业的总体生产运营层面，出现了一些新动态。制造企业向相关服务领域大力拓展（如上汽开展移动出行服务等重点业务），甚至整体向综合服务转型（如 IBM 的服务化转型），服务业企业提供融合了生产过程和自身产品的上下游一体化服务。

二是在产品和服务的设计层面，制造企业高度重视产品的服务化，如上海汽车等车企在汽车上提供远程的信息、娱乐等服务；服务企业高度重视以产品为核心、构建服务体系，如苹果、谷歌公司基于其硬件软件产品构建的综合服务体系。这时的制造和服务在商业活动中高度耦合，服务提供网络和商业关系相互依赖，在这一综合性业态和供应链中，既无法剥离产品，也难以剥离服务。

三是在供给和需求的理念上，制造企业高度重视以产品为牵引的综合价值的提供，而服务企业高度重视服务的研发化、产品化、标准化（如蚂蚁金服的金融服务智能化）。

（四）相互合成——通用能力的平台化

制造业和服务业的各种新能力新要素新模式的深度融合的重要标志之一，就是产生了具有融合能力的可涵盖多个生产流通环节的新型平台。如工业互联网平台（如航天云网）、自动驾驶平台（如百度）、能源互联网平台（如国家电网下属全球能源互联网集团有限公司）。这些融合型的通用能力，可融合研发、制造、商业、服务等多个环节。

（五）相互赋能——基础产业的公共化

在制造和服务融合的更深层次，二者将会在整个宏观经济社会形成相互支撑，并在生产生活实践中深度融合各自的基础性价值和能力。制造业和服务业的相互赋能方式，包括公共性的制造（如机器人、智能产品和系统用于安防服务中）对服务业发展的支撑，公共服务（如阿里云工业大脑等）对制造业发展的支撑，以及公共性的“制造＋服务”对整个经济社会高质量发展的支撑等。

二、我国制造业与服务业融合现状、问题与难点

（一）制造业与服务业融合的现状

目前，制造业大力推进上下游产业整合，延伸到技术研发以及市场拓展等环节，服务企业也依托数据等方面优势不断向制造领域渗透，制造业与服务业融合发展不断加快。

1. 中央和各级政府积极推进制造业与服务业融合发展

早在2016年，工信部会同国家发改委、中国工程院发布了《发展服务型制造专项行动指南》；2017年，工信部在全国遴选了首批服务型制造示范企业，包括30个示范企业、60个示范项目和30个示范平台；2018年又公布了第二批服务型制造示范名单，共包括33个示范企业、50个示范项目、31个示范平台，以及苏州等6个服务型制造示范城市；此外，各省份还自我遴选了一批省级的服务型制造示范企业。

2018年底召开的中央经济工作会议提出，要推动制造业高质量发展，促进制造业和服务业深度融合发展。此后，各地积极探索，出台了不少的地方性措施，或者试点方案。例如，浙江省公布了25家融合试点名单，包括9家产业集群类试点，6家龙头企业服务业制造化类

试点，以及10家龙头企业制造业服务化类试点。还有很多地区也都在积极探索，例如江苏省江阴市、广东省东莞市都已经出台了相应的具体实施意见。

2020年4月3日，国家邮政局、工信部联合发布了《关于促进快递业与制造业深度融合发展的意见》，提出“到2025年，快递业服务制造业范围持续拓展，深度融入汽车、消费品、电子信息、生物医药等制造领域，培育出100个深度融合典型项目和20个深度融合发展先行区”。

2. 一些大型制造业企业服务化转型取得了积极进展

企业是制造业与服务业融合发展的主体。从成功实现转型升级的企业和国家来看，一个共同特点就是推动制造业与生产性服务业的深度融合，构建起服务型制造体系。例如，美国通用电气等大型跨国公司已经呈现了制造业高度服务化趋势，服务业务占公司总收入的比例超过2/3。

近年来，我国大力推进服务型制造的发展，很多大型制造业企业不仅在企业内部发展专门的服务业部门，为客户提供更多的服务，还有一些企业正在向工业互联网方向发展，涌现出了一批工业互联网平台企业，例如海尔的COSMOPLAT平台、三一重工的树根互联平台、阿里巴巴的淘工厂等，这些企业正在引领我国制造业向服务型制造转型。

3. 网络基础能力持续升级，服务业发展基础更加完善

近年来，随着全球互联网技术和应用迎来爆发性增长，我国互联网基础设施的发展水平不断提高，固定宽带、移动互联网与下一代互联网建设进程大幅加快，逐步向高速、泛在、安全、开放的新一代互联网基础设施发展，有力地促进了跨地域、跨时空经济协作，加速了线上线下互动消费，为推动“互联网＋”发展提供了有力的网络基础能力支撑。

我国公共云计算服务水平不断提高，大数据应用建设和数据资源开放共享得到广泛重视，物联网技术快速升级演进，实施“互联网＋”的应用基础不断完善。云计算、大数据的服务化、定制化趋势大大降低了企业 IT 建设成本。物联网终端的应用则提高了工业生产领域的供应链效率，提升了生产过程中生产线检测、生产设备监控、实时参数采集等重要环节的能力和水平。

云计算成为“互联网＋”核心应用基础设施平台。虚拟化技术、分布与并行计算、互联网技术的发展与成熟，使得基于云计算的服务业获得了蓬勃发展，成为满足广大用户信息化需求的低成本、高性能、高可靠的核心基础设施平台。各类城市云平台、行业云平台和公共服务云平台成为地方智慧城市建设及支撑传统产业转型升级的重要基础设施。城市云整合区域内分散的硬件、软件和数据资源，形成逻辑上统一的“城市云”体系，带动区域内的信息化建设和应用模式从传统模式转向云服务模式。产业应用领域，我国云服务企业通过产业分工协作，面向传统行业用户提供 IT 基础设施、开发平台、软件应用等全套云服务，实现了 IT 基础设施的集约化建设运营，取得了良好的社会效益。

（二）制造业与服务业融合存在的问题

当前，我国制造业与服务业融合还存在融合深度不足、融合方式单一、融合环节少、附加值低、利益连接松散、主导企业少、带动能力不强等问题，需要着力解决。

1. 融合程度仍然偏低

发达国家制造业企业来自于服务的收入比重较高。据德勤公司研究报告《基于全球服务业和零件管理调研》表明，在受访的80家制造业公司中，服务收入占总销售收入的平均值超过25%；有19%的制造业公司的服务收入超过总收入的50%。调查公司AndyNeely对全球13000家制造业上市公司提供的服务进行了研究，结果显示美国的制造与服务融合型企业占制造企业总数的58%，芬兰仅次于美国，为52%，马来西亚是45%、荷兰是40%、比利时是37%，发达国家制造业服务化的水平明显高于正处在工业化进程中的国家。

在制造业的生产过程中使用服务业的比重是反映制造业和服务业融合程度的重要指标，也就是在生产过程中，有关金融、信息、技术等全部支出占生产过程支出（中间投入）的比重，这一比重越大，说明制造业生产过程中使用服务业的比重越高（这一比重主要反映使用企业外部服务业的比重）。

从比较来看，2005~2015年在韩国制造业部门的总投入中，使用商务服务业的比重从2.47%升到2015年最高点的3.15%，日本从2005年的3.69%微降至2015年的3.66%，但日本和韩国的这一比重仍然显著高于中国。我国在2005年的制造业投入中，使用商务服务业的比重仅为1.59%，但在其后增长迅速，到2015年已经提高到2.67%（见图1）。

我国制造业中间投入中使用外部IT和信息技术服务业的比重更低。2005~2015年在韩国制造业部门的总投入中，使用来自IT和信息技术服务业的比重约为0.3%，日本从2005年的0.3%提高至2015年的0.4%，这一比重仍然显著高于中国。我国在2005年的制造业投入中，使用IT和信息技术服务业的比重仅为0.16%，到2015年仍然仅为0.15%（见图2）。

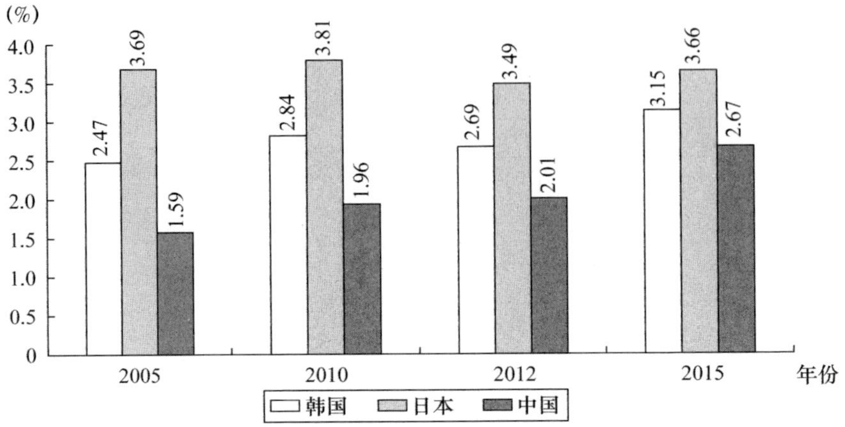

图 1　制造业总投入中使用商务服务业的比重

资料来源：OECD 各国投入产出表。

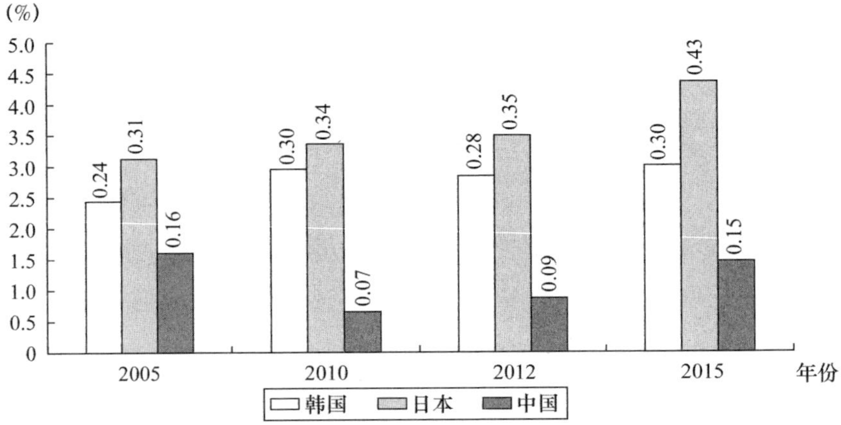

图 2　制造业总投入中使用 IT 和其他信息服务业的比重

资料来源：OECD 各国投入产出表。

2. 制造对服务业需求不足

我国制造业从对外开放起步，最先引进的多是劳动密集型产业，通过引进国外成熟的技术装备，结合国内的劳动力和土地资源进行生产，在技术方面走引进、消化和吸收为主的道路，总体上处于制造业的加工环节，自身的技术含量较低、效益不高，对研发、设计和营销等服务的需求相对较少。

在高端产业方面也是如此。我国改革开放以后，正好赶上全球从产业内分工向产品内分工模式转变，很多中高技术产业我国只是承接大型跨国企业的部分环节，特别是加工、装配环节的生产制造业务，关键技术和核心部件的对外依存度高，研发设计、品牌管理、营销服务等高附加值环节仍由外方负责，导致不少我国制造业企业在全球产业链上的分工被割裂，阻止了企业内部由制造向服务的需求延伸。

在工业产品的附加值构成中，中间制造环节的比重越来越小，附加值更多体现在两端的设计与销售环节。对于我国的制造业来说，在实现经济结构快速转型的同时，“大而不强”的情况十分突出，增加值率远低于发达国家。以加工贸易为主的制造业长期处于“微笑曲线”中间，在全球价值链分工中面临着长期处于低端的尴尬局面。从全球生产供应链布局来看，跨国公司在全球范围内进行最优化的生产布局，将产业链延伸到各个角落，这导致许多发展中国家制造企业只是构成跨国公司整体运营过程中相对封闭、单一的环节，产品线和产业链延伸不足。跨国公司在中国投资设厂，产品的研发、服务、营销等高增值环节都在外，跨国企业利用当地的低成本制造优势，进行加工组装，缺乏技术研发和创新的动力，使得我国制造业长期锁定于价值链低端，很难与服务业形成互动发展的良好局面。

3. 服务业对制造业支撑不够

与经济发展水平相比，我国服务业，特别是为制造业服务的生产性服务业发展滞后，不少服务业领域的进入门槛较高，监管过多，市场化程度不够，区域分隔较为严重。例如，不少先进服务业，尤其是生产性服务业大部分存在于进入管制以及垄断的行业，如金融、电信、铁路运输、信息等行业，发展在很大程度上受到限制；同时，进入壁垒的存在也抑制了该行业的市场竞争程度，导致服务业内部专业化分工程度不高，普遍存在规模小、技术水平低、不适应国际规则等问题。因为服务功能单一且同质化严重，所以许多制造企业选择国外服务提供商。如在制造业智能化过程中，智能化整体解决方案大多数从国外进口，工业软件更是以跨国公司为主导。服务业发展还处于相对粗放的阶段，对制造业的促进推动作用未充分体现。

我国在 IT 和其他信息技术服务业方面的差距更加明显。2005 年，韩国 IT 和其他信息技术服务业占 GDP 的比重就达到 1.7%，日本达到 2.2%，而我国在 2005 年仅为 0.4%，到 2015 年才提高到 0.5%（见图 3）。

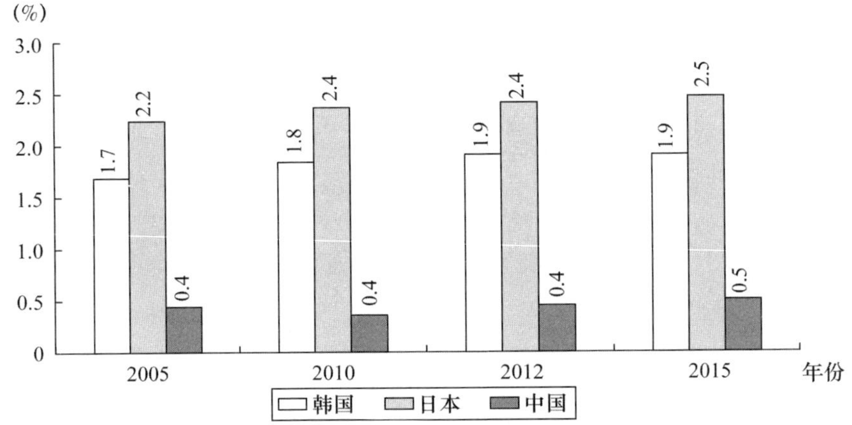

图 3　IT 和其他信息服务业占 GDP 的比重

资料来源：OECD。

（三）制造业与服务业融合的难点

1. 融合创新难度较大

产业的创新能力不足使得产业的发展缺少原动力，制约着制造业和服务业的互动融合发展。由于产权制度改革和现代企业制度培育不到位，在企业中还普遍缺乏进行自主创新的内在机制、缺少自觉从事创新的内在动力和激励机制。在市场运行规则、价格体系和调节机制、市场准入和退出机制以及为企业创新提供服务的市场中介组织等方面，还有所欠缺。法律保障制度还明显不足。

自主创新的一个核心问题是有效保护知识产权，没有知识产权的保护，任何创新活动都是难以进行和持久的。现阶段，我国企业的创新意识还比较薄弱，企业技术创新主体地位尚未真正确立，创新能力不强，研发投入偏低，创新人才不足，具备自主知识产权、自主品牌、自主营销渠道的产品比重低，尤其缺乏具有国际国内竞争力、引领产业发展的创新型领军企业。

2. 跨界融合的交易成本高

交易成本（要素成本和商务成本）的变化决定制造业和生产性服务业在空间布局上的协同性。我国的现代制造业基本上在工业园区内集聚发展，不少园区在设计之初，对配套服务业的发展规划不够，不利于二者协同发展。我国制造业与服务业在税率和税制上存在一些差异，阻碍一些企业按照市场化原则自由地根据发展需要对企业内部的服务业进行拆分或融合发展。生产性服务业发展还不够集聚，对制造业的响应能力不强、难以为制造业的发展提供优质高效的服务支持。与制造业相比，我国服务业的行业组织不够健全，行业规范和相关标准不够完善，行业管理水平还不够高，不能为生产性服务业的规范有序、健康快速发展提供相应的制度保障与组织平台。

近年来国家和有关部门出台一系列举措，推动了服务业快速发展。但总体上服务业政策体系仍有待完善，例如缺乏针对性的金融扶持政策，服务业用人成本普遍高于工业，“营改增”后部分服务企业因内部人力成本等支出无法抵扣导致实际税负不减反增，影响了企业经营活动。

3. 中高端服务业人才供给不足

随着我国产业迈向中高端以及人民群众多样化多层次服务需求不

断增长，复合型、专业化人才的缺口不断扩大。目前，我国服务业人才队伍总体上呈现数量少、质量差、人才供给不足和人才结构不合理等问题，亟须解决。

对此，应支持国内高校、职业学校加强服务业相关学科专业建设和服务业人才培养基地建设，构建强有力的人才支撑体系。探索职业资格国际互认，推动境内外专业人才和专业服务便利流动。

4. 服务贸易发展滞后

与制造业相比较，我国服务业开放程度较低，一定程度上影响了服务业水平的提升。与发达国家相比，我国生产性服务业发展相对滞后，多数行业研发设计、检验检测水平有待提高，物流、金融等产业虽发展速度较快，但依然存在成本过高、结构不完善等问题，与传统产业的融合程度有待加强，影响制造业降本增效。作为发展中国家，我国的服务贸易发展远远滞后于货物贸易，特别是在服务外包等领域，与印度等国家相比，我国在语言方面存在一定的劣势，导致不少工业设计、通信等服务贸易发展较为缓慢。

三、促进我国制造业与服务业深度融合的目标与路径

（一）思路

推进制造业与服务业深度融合要体现“战略性、宏观性、全面性、系统性、多层次性、动态性和时代性”等特点，坚持“具体问题具体分析”“因产因企因地制宜”“市场机制与政府作用相结合”“开放共享与合作包容”等原则，坚持“问题导向、需求导向、效率导向、竞争力导向”，通过深化改革、扩大开放，构建有利于融合创新的体制机制与政策环境，促进制造业与服务业精准定位，深化分工合

作，多维度、多方位、多层次、多环节地深度融合，催生一系列新技术、新平台、新模式、新业态，形成经济发展的新动能，着力解决制造业和服务业分散发展、协同不足、衔接不畅、模式滞后、缺乏综合竞争力等突出问题，推动制造业与服务业质量变革、效率变革与动力变革，加快推动制造强国建设步伐，更好地满足人民日益增长的美好生活需要。

（二）目标

到 2025 年，制造业与服务业在许多重点领域、重点地区形成一系列深度融合的最佳实践，制造业研发效率、设计水平、产品竞争力有较大提升，制造业生产成本、单位增加值物流成本有较大降低。服务型制造得到较大发展，制造业服务化水平有较大提升，服务业有较大发展，制造业供应链安全水平有较大提升，产业互联网与现代产业生态建设取得重大进展，形成了一批制造业与服务业深度融合的龙头企业和示范地区。融合创新成为制造业与服务业发展的重要驱动力。

到 2035 年，制造业和服务业在国民经济体系中实现深度融合，制造业拥有很强的研发、设计、创新能力，制造业生产效率、物流效率、供应链管理、服务型制造发展达到世界先进水平，拥有一批世界级的产业互联网平台、供应链服务企业集团，服务业具有较强的国际竞争力，构建起现代化产业生态体系。

（三）路径

1. 专业化：制造企业基于核心技术优势拓展专业化、社会化服务路径

随着以用户为中心的商业模式逐渐取代以产品为中心的商业模

式，一批具有核心技术和专业优势的制造企业，逐步依托自身资源和核心优势发展面向行业的研发设计、检验检测认证、知识产权和专业技术服务等社会化服务，从而由制造企业向“制造 + 服务”企业转型。这一路径多发生在电子设备、仪器仪表、节能环保装备等制造企业，主要是基于自身核心技术和知识产权，积极发展面向市场需求的测试、检验、计量，以及节能环保、信息技术等专业服务。在这一过程中，这些制造企业由传统设备制造商进一步拓展为专业化、社会化服务的平台服务商。

2. 协同化：以制造业流程外包促进制造和服务供应链一体化发展路径

经济全球化的深入发展以及信息技术推动的产业组织模式变革，使得全球制造业的分工日益专业化、精细化，由单个制造企业从事全部产品开发和生产过程的模式已变得不再必要。更多的企业选择专注于自身优势的生产活动，并将制造流程的某一环节外包给其他服务性生产企业，通过企业间更紧密的分工协作方式完成零部件生产、加工和组装等制造环节，以更低的成本、更快的反应速度赢得市场竞争优势。在制造流程外包和协同生产模式下，企业之间互相提供加工制造服务、互为服务性生产企业，在动态协作中实现资源配置的优化，形成协同制造网络。也有一部分生产性服务活动被外包给服务企业，从而实现分散的制造和服务资源的整合，通过供应链一体化进一步形成具有竞争力的产品服务系统。

3. 集成化：基于产品全生命周期管理和系统解决方案服务的制造和服务全价值链综合集成路径

产品全生命周期管理（PLM）是从产品价值管理的角度，通过整合从产品需求导入、研发设计、生产制造、物流、营销、退货和回收全过程的产业链资源，实现产品经济价值和社会生态价值最大化。系统解决方案服务一般是指为满足客户需求而提供一体化的产品设计、方案咨询、系统设计、产品和设备提供、系统安装与调试、故障诊断、运行维护等系统性、集成化整体解决方案，典型的业务类型有总集成、总承包服务，合同能源管理、节能管理服务等。无论是产品全生命周期管理还是系统解决方案服务，均从价值链上实现了制造与服务的综合集成，也使得传统的制造企业从产品提供商向产品与综合服务提供商转变。

4. 智能化：基于智能化产品和装备的制造与服务功能一体化路径

数字经济和智能经济的发展深度改变了传统产品的形态，“软件定义一切”让产品具备了智能互联的特性，赋予传统产品新的数字化、智能化服务功能，从而在底层实现了制造与服务的深度融合。随着云计算、大数据、物联网、人工智能等新一代信息技术和智能化技术的应用和发展，传统形态的产品正在越来越多地升级为智能产品。如智能手机、智能手表、智能眼镜、智能音箱等，均是承载了超越传统产品单一使用功能的综合性、多用途、智能化服务。伴随着5G商用以及智能制造和工业互联网的加速发展，未来基于智能产品、系统和装备的智能服务模式将日益普及。目前一些领先装备制造企业已经开始积极提供在线支持、数据分析、远程诊断维护等服务业务，探索基于海量数据的制造模式创新和基于产品数据的服务模式创新。

5. 平台化：基于产业互联网平台的制造和服务资源整合路径

产业互联网平台是数字经济时代实现制造和服务资源整合最为重要的载体和平台，通过打通设计、生产、流通、消费与服务环节，构建基于云平台的海量数据采集、汇聚、分析服务体系，支撑制造和服务资源的泛在连接、弹性供给和高效配置。产业互联网平台不仅可以实现“产品（装备）+服务”一体化发展，构筑制造与服务融合型的产业价值链，而且能够吸引全球的开发者、生产者和消费者，进一步创造出价值共创共享的创新创业生态，真正实现制造与服务全方位、高水平的融合创新发展。

6. 定制化：基于客户深度参与的产品个性化定制路径

大规模定制化生产是指制造企业以互联网和大数据平台为基础，以柔性化生产线为依托，将客户的个性化需求融入产品设计和制造过程中，开展个性化产品设计和定制服务，提高企业盈利能力和市场竞争力的过程。大规模定制化实现了客户的深度参与，甚至直接吸纳客户对产品的创意和设计方案，能够精准反映客户需求，有利于提升产品的附加值、用户体验和企业的市场竞争力，是当前制造和服务融合发展的重要路径。

7. 网络化：基于研发、创意、设计、品牌等服务优势的生产制造网络拓展路径

科技企业、创意（设计）企业、互联网信息服务企业等现代生产性服务企业，依托自身的研发、设计、品牌和网络优势，通过进一步整合制造资源，形成基于核心技术和品牌的生产制造网络，而自身发展成为轻资产的产品和综合服务提供商，在这一过程中，实现制造能力和服务能力的深度整合。如很多信息服务企业、互联网企业，甚至一些我们熟知的消费品品牌厂商，本身没有自己的制造工厂，通过不断迭代的设计创新、产品创新和以用户体验为中心构建基于网络化协同制造服务的生态，形成了独树一帜的商业模式和竞争优势。未来随着3D打印技术在材料领域进一步的突破，以及应用普及带来的成本下降，制造业门槛将进一步降低，以创意、设计为引领带动制造与服务融合将获得较大发展。

四、促进我国制造业与服务业深度融合的政策建议

制造业与服务业深度融合是一项复杂的系统性工程，需要有更好的体制机制政策保障。促进两业深度融合的政策关键在于：以坚持改革开放、构建有利于融合创新的良好环境为抓手，基于市场竞争的内在机制，促进市场竞争和创新，推动制造业服务化、服务业制造化和新兴融合业态发展，形成新技术、新业态、新基础设施等新动能。

（一）形成有利于制造业与服务业深度融合发展的市场准入制度

一是规范各类认证和收费，降低企业实际负担。加快服务型政府建设，按照“能免则免、能减则减”的原则，进一步清理整顿涉及中小企业的收费，重点是行政许可和强制准入的中介服务收费、具有垄断性的经营服务收费等。二是推进各类行业尤其是服务业的准入政策与管理的公开化、公平化、程序化、规范化。进一步放宽市场准入，减少政府对微观经济不必要的直接干预，减少审批事项，优化审批流程，规范审批行为。进一步改革前置性审批制度，清理市场准入的操作层面实际存在的或明或暗，或直接或间接的障碍。加快制定和完善各行各业准入的配套政策，加紧制定和优化市场统一准入标准。三是继续推进商事制度改革。破除各类显性隐性准入障碍，打破市场分割和地方保护。推进统一开放、竞争有序的服务市场体系建设，打破地域分割、行业垄断和市场壁垒，营造权利平等、机会平等、规则平等的发展环境。

（二）充分发挥市场作用，通过需求、利益激励、竞争等机制促进制造业与服务业融合发展

进一步完善市场机制，充分发挥市场在促进制造业与服务业融合发展过程中的决定性作用。制造业与服务业融合发展，涉及不同产业发展、产业间的联系、分工与合作以及新产业、新企业的成长，无论哪一个层面和环节，其融合应符合市场经济规律，发挥市场机制的决定性作用，充分实现生产要素的自由、高效流动。一是依法保障各类市场主体公平竞争。对国有企业、民营企业、外资企业、大型企业、中小微企业一视同仁，消除政策歧视、规模歧视和所有制歧视，鼓励多层次和水平的制造业与服务业融合发展。二是加快形成基于供需、反映市场稀缺程度、资源环境代价的价格形成机制和竞争机制，最大程度消除市场信息的不对称，形成制造业和服务业合理的比价关系。三是加快形成全国统一开放、竞争有序的市场体系，消除地区壁垒、部门壁垒、产业壁垒。清理和废止一切有碍统一开放、公平竞争的部门、地区规章，促进生产要素在部门间、地区间自由流动，为制造业、服务业融合发展提供条件。

（三）形成有利于促进制造业与服务业融合的财税金融政策

制造业与服务业融合发展，必须发挥市场机制的决定性作用，但在融合发展的初始阶段，离不开财政税收与金融等大力支持，需探索研究有利于制造业与服务业融合发展的财税金融支持政策。一是优化税收结构。税收激励是制造业与服务业融合发展的最直接促进手段，符合国家鼓励的制造业与服务业融合发展的企业，应在研发费用加计扣除、技术转让所得税优惠、服务业增值税等方面给予优惠，促进企业更积极主动地融合发展，以进一步提高生产效率，减少生产成本。

二是探索设立推进制造业与服务业融合发展的中央财政专项资金，充分发挥中央财政资金在促进两者融合发展过程中的引领、促进和支持作用。三是进一步发挥政府在商品采购和购买服务方面对制造业与服务业融合发展的促进作用，通过完善政府商品招标和购买服务方面的制度与政策，降低企业准入门槛，减少企业投标成本，促进企业制造业与服务业融合发展。四是加快完善现代金融体系，形成多层次、多元化、多主体、多类型、多业态、多产品的金融市场，实现对制造业与服务业融合的强有力支撑。加强科技金融、中小金融、小微金融、乡镇金融、农村金融、国际金融业务的发展，增强金融服务本身的发展水平，进而增强金融服务实体经济的能力，实现制造业与金融服务业融合发展。

（四）形成有利于促进制造业与服务业融合的科技创新政策

制造业与服务业融合发展离不开科技创新的促进，需要采取措施激励企业增强科技创新能力。一是鼓励融合企业参与国际合作，充分创造和利用开放共赢的国际合作环境，鼓励企业开展国际技术交流活动，采取科技合作、技术转移、技术并购、资源共同开发与利用、参与国际标准制定、在国外设立研发中心等多种方式，扩大在全球的影响力和话语权；把握世界科技发展趋势，搭建多层次国际科技合作平台，积极融入全球创新网络；鼓励地方、园区、企业创新合作方式，推动国际交流合作。二是建立支持创新的金融平台，充分用好各种创投基金支持企业融合创新发展，促进科技成果转化和新兴产业培育，进一步提高融合效率。三是在土地政策方面对科技创新予以支持。土地政策的发展可能滞后于制造业与服务业融合发展产生的新业态发展，需定期评估并优化土地政策，优化土地供应调控机制，根据制造业与服务业融合发展的特点，有针对性地制定土地政策，合理确定用地供给，优先安排利于融合发展、产生协同创新的项目用地。

（五）形成有利于支撑制造业与服务业融合的教育体系

制造业与服务业融合发展，离不开人才支撑，离不开教育的支撑。一是加强高层次人才队伍建设，建立健全多层次的创新型人才培养体系，支持校企联合开展定制式人才培养；鼓励企业加大职工培训力度，尤其是加大融合发展的新兴业态人才培养力度。二是优化学科设置，建立适合制造业与服务业融合发展的教育体系，加强产业与教育协同，建立完善学科人才培养供需平衡机制，保障对于工程类人才、管理类人才、复合型人才、新工科人才的需求。三是改革学科教育制度，加快建成适应制造业与服务业融合发展的院校教育、毕业后教育、继续教育三阶段有机衔接的人才培养培训体系，建立与制造业、服务业融合发展相协调的教育模式、课程设计、师资力量，增加实践环节的比重。

（六）形成有利于制造业与服务业融合的标准、统计体系

制造业与服务业融合发展，需要准确衡量，需加强统计监测体系建设，合理度量制造业与服务业融合发展状况。一是进一步研究和完善统计调查方法和指标体系，尤其是合理制定制造业与服务业融合的标准和指标，以体现融合发展的质量和效益。二是加快形成满足制造业与服务业融合需要的现代标准化体系。推进制造业和服务业融合标准的前瞻性研究和布局，鼓励制造业、服务业等相关行业团体、标准化组织、第三方检验检测机构等针对制造业和服务业融合重点领域、新兴业态制定相关技术标准、流程和服务规范。三是改进增加值核算

方法、基础数据采集方法以及统计工作的组织实施，提高统计数据质量。四是健全监测体系，及时准确反映融合发展的最新动向和发展趋势，建立主管部门、统计部门和主要行业协会的信息沟通机制，做好融合发展的信息发布及预测预警。

（七）完善产业监管体系与监管机制

制造业与服务业融合发展，对以往传统监管方式是一个挑战，需要构建适应制造业与服务业融合发展的监管制度、监管方式和监管体系。

一是构建全面监管体系。监管要覆盖到各次产业、各种业态、各个领域，既包括产品质量、资源利用、环境保护、信用保障、信息安全，又涉及各次产业等。构建多层次的监管机构，根据每个领域的具体情况有所侧重。强化中央和地方机构之间的分级监管。监管机构在运行的过程中，应加强彼此之间的沟通、协调。对于已存在的冗余机构应及时整合，避免监管环节中的交叉重复和责任推诿。二是建立公正、透明的监管规则。彻底改变和消除监管机构与利益主体利益输送、利益捆绑的状况，制定透明、公正的监管规则。三是创新监管方式。新技术、新产品、新服务、新产业、新业态、新商业模式的出现，使得产业边界模糊，交易行为更多由线下搬到线上，这就要求对制造业与服务业融合发展的监管更加有别于对传统产业、传统商业模式的监管，需增强运用互联网、物联网、大数据、云计算、区块链、人工智能等现代信息网络技术监管的能力。

（八）做好示范总结与经验推广

在全社会宣传制造业与服务业融合发展的优秀典型，激发融合发展的持久内在动力。一是大力倡导质量变革、效率变革和动力变革，推动全社会树立“质量就是生命，质量就是效益，用质量去竞争，用户至上”的理念，倡导“重视品质、追求卓越”的工匠精神，在智能制造、绿色制造、服务型制造等新型制造模式中筛选出典型优秀企业。二是表彰大学和科研机构等在制造业与服务业融合发展过程中的突出贡献，鼓励更多大学和科研机构投入到产学研一体化发展过程中。三是选取融合发展突出的产业集群进行经验总结和推广。

执笔人：魏际刚　刘铁志　许召元
李　燕　周　毅

参考文献

[1] 谢丹丹．“制造+服务”的新模式才有未来．中外管理，2020（Z1）
[2] 林琦．建设环保制造与服务　推动“两业”加快融合发展．区域治理，2019（34）
[3] 陶连飞．新制造·新服务·新融合·新动能．吉林日报，2019-07-26（4）
[4] 李晓华．服务型制造：先进制造业与现代服务业深度融合的新业态．经济日报，2019-06-04（12）
[5] 张轶伦，牛艺萌，叶天竺，江志斌．新信息技术下制造服务融合及产品服务系统研究综述．中国机械工程，2018，29（18）
[6] 林京华，全贞燕，王星冉．用服务规划未来 制造与产品、服务相融合创造就业岗位．中国质量，2018（6）
[7] 魏思鹏．创新链与服务链融合视角下制造企业动态创新能力演化路径研究．哈尔滨工程大学，2018
[8] 陈畴镛．制造服务融合 动能转换加速．浙江日报，2017-09-05（6）
[9] 夏杰长．推动中国制造与中国服务双融双赢．经济参考报，2017-09-04（8）
[10] 杨志波．制造企业服务化的驱动因素及作用机制——基于扎根理论的研究．企业经济，2017，36（8）
[11] 赵艳萍，郭亚婷，罗建强，冯庆华．制造企业服务衍生的分类及其价值创造．软科学，2017，31（7）
[12] 胡美林．以服务型制造推动产业转型升级．河南日报，2017-07-07（10）
[13] 黄群慧．中国制造如何向服务化转型．经济日报，2017-06-16（14）
[14] 孙立．工业大数据驱动下的制造企业智能化服务推进策略研究——以江苏为例．电子商务，2017（6）

[15] 徐吉成．我国服务型制造发展的思路、重点及政策探究．科技经济导刊，2017（17）
[16] 翟鹏远，李轩，侯蔚，顾非，韩方丁，李金平．国内外企业服务型制造的发展与启示．新技术新工艺，2016（12）
[17] 陈漫，张新国．经济周期下的中国制造企业服务转型：嵌入还是混入．中国工业经济，2016（8）
[18] 黄群慧，霍景东．《中国制造 2025》战略下制造业服务化的发展思路．中国工业评论，2015（11）
[19] 丁兆国，金青，张忠．服务型制造企业的价值创造研究．中国科技论坛，2013（5）
[20] 胡昱．基于制造与服务融合的产业功能升级分析．科技管理研究，2012，32（20）
[21] 李晶晶，刘雷．“服务”与“制造”有机融合．中国设备工程，2012（4）
[22] 李浩，纪杨建，祁国宁，顾新建，唐任仲．制造与服务融合的内涵、理论与关键技术体系．计算机集成制造系统，2010，16（11）
[23] 李刚，孙林岩，高杰．服务型制造模式的体系结构与实施模式研究．科技进步与对策，2010，27（7）
[24] 汪应洛．推进服务型制造：优化我国产业结构调整的战略思考．西安交通大学学报（社会科学版），2010，30（2）
[25] 周艳春，赵守国．制造企业服务化的理论依据及动因分析．科技管理研究，2010，30（3）
[26] 李刚，孙林岩，李健．服务型制造的起源、概念和价值创造机理．科技进步与对策，2009，26（13）
[27] 冯泰文，孙林岩，何哲，张颖．制造与服务的融合：服务型制造．科学学研究，2009，27（6）

专题报告五

深度参与全球价值链合作
助推制造业高质量发展

近两年来，中美贸易摩擦已经成为影响全球范围产业转移的新因素。无论贸易摩擦后期进展如何，其影响已经形成并在不断深化中。印度等东南亚、南亚国家积极承接全球产业转移，给中国经济持续增长和本土产业发展带来各种冲击和担忧。但回顾近五十年来全球产业转移的基本轨迹，特别是近十多年来全球价值链的发展和变化轨迹，可以看出，目前的趋势是十多年来逐步形成的，中美贸易摩擦只是加速了这一进程，加深了影响程度。所以，从价值链角度对全球制造业转移的新趋势作出判断，主动积极地顺应和引导全球制造业转移方向，不断稳固和提升中国在全球价值链中的地位，不仅是应对贸易摩擦冲击的短期需要，更是中国制造业转型升级和高质量发展的中长期战略需求。

一、跨国产业转移推动全球价值链的重构

全球价值链指的是产品或服务从最初概念到终端用途的全部活

动，以及这些活动在地理空间和跨国边界上的分布情况。这一概念已经成为全球化日益深化背景下，描述和研究全球产业转移和升级问题最引人注目的研究体系。

过去三十年里，随着全球价值链逐步成为全球范围生产和服务分工的主导性力量，传统生产体系的国际分工格局发生了重要的变化。其中最突出的新特点就是产业层面的国际分工开始深化，同一生产过程的不同环节跨越不同的国度，构成以更加细化的垂直分工为主线的复杂的跨国网络，覆盖了更加广泛的国家地区。受此影响，国家间的贸易结构中，中间产品和服务贸易快速增长，并进一步驱动跨国投资高速增长，将全球生产体系更加紧密地联系在一起。这一进程是全球经济增长和全球化进程不断加快的主导性力量。据统计，2017 年，全球贸易在全球产出中的比重达到了 23%，其中，中间产品和服务贸易的比重持续提高，并与全球跨国投资增长之间形成明显的正相关。

从理论看，一个完整生产过程细化分解后，分散生产并重新组合，可以获得规模经济的直接利益，但是不同环节间交易成本的提高，将限制生产过程分解和空间分散的程度。全球价值链之所以能够将生产分工更加深入地推进，除了信息技术广泛应用，促进了传统生产体系的规模经济水平不断提高之外，外部交易成本的明显下降也是重要原因。首先是交通运输技术和效率的大幅提升，大大降低了分散生产的运输成本。其次是信息技术的广泛应用，大大降低了传统生产管理的成本，扩大了生产空间分布的合理范围。再次，近三十年来，全球经济一体化水平不断提高，国家间贸易壁垒持续降低，也大大降低了跨国界分散生产的贸易成本。最后，很多国家经济发展水平不断提高，市场需求扩张提升了跨国生产布局在新兴市场的收益水平和吸引力，等等。

全球制造业价值链的日益深化与中国制造业国际竞争力全面提升互为因果。从利用全球价值链的机遇实现发展，到引领全球价值链的深化与提升，中国一直是驱动制造业全球价值链深化发展的主角之一。

20 世纪 80 年代中后期，中国制造业最初依托低成本优势，依循传统产业转移模式，承接发达国家劳动密集型产业转移，如纺织服装等。在此基础上，随着全球范围制造业的价值链不断细化分工，产业进入壁垒明显降低，越来越多的对劳动力低成本优势不敏感的制造业环节，特别是资本技术密集型的价值链环节，开始向中国扩散，使得中国在更多的制造业领域获得了参与全球分工的历史性机遇，如电子、机械等领域。利用参与国际生产分工的机会，中国较快地建立了相对完整的制造业生产配套体系，达到了足以影响和引领全球制造整体价值链分布格局的规模经济水平，并在多数制造业领域确立了明显的规模优势和产业链体系优势。

“入世”之后，特别是金融危机以来，中国制造业在全球价值链中的主角地位，开始通过向更大范围的国家和地区拓展来提升，并在电子等全球价值链特征最为突出的产业领域，逐步形成以中国为核心的全球制造体系。

二、中国是全球制造业价值链的主导性力量

如图 1 所示，2018 年中国制造业总产出占全球比重 34%，美国占全球比重 12%，日本、韩国、德国、意大利、英国和法国等其他制造业大国占全球比重均小于 5%，全球前十位制造业大国总体占比超过 70%，比 2005 年提高了 4 个百分点。其中，中国制造业“一枝独秀”

式地快速增长，带动全球制造业快速向中国集中，成为最突出的现象。其他国家中除了印度、越南有所增长外，都出现不同程度下降。

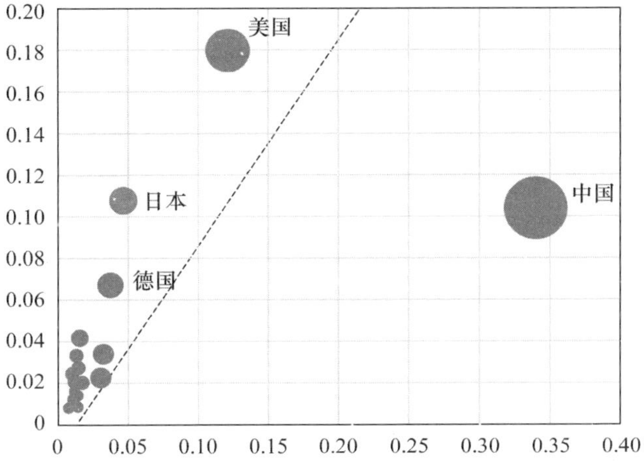

图 1　全球制造业产值结构图（2005 ~ 2018 年）

注：横轴是 2018 年各国制造业产值占全球比重，纵轴是 2005 年各国制造业产值占全球比重。断线是 2005 年到 2018 年制造业产值占全球比重不发生变化的等比线。气泡大小代表 2015 年各国制造业产值的实际规模。各个气泡距离断线的距离表示各国制造业占全球比重增大或减小的幅度。下文中气泡图除指标不同外，其他含义均相同。

资料来源：OECD 全球价值链数据库（TIVA）。

从全球制造业增加值角度看，总体格局与产值基本相似。但中国的主体性地位明显下降。如图 2 所示，2018 年，中国制造业增加值占全球比重 27%，美国占比 16%，日本、德国、韩国等国占比均小于 5%，前十大制造业国家总体占全球比重 66%，比 2005 年提高 4 个百分点。其他国家除印度、越南小幅提升外，都在不同程度下降。

比较制造业产值和增加值的数据差异可以看出，中国制造业产值比重明显大于增加值比重，而美国、日本、德国等其他制造业大国的增加值比重下降幅度明显小于产值下降幅度，这一现象背后是中国与其他制造业大国制造业增加值率明显不同的变化取向。如图 3 所示，中国制造业增加值率水平持续下降，特别是金融危机之后，下降趋势更加明显。相比之下，其他制造业大国增加值率不仅远高于中国，而

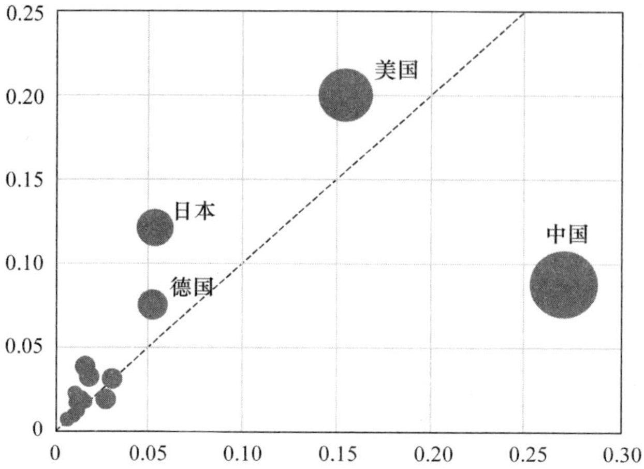

图 2　全球制造业增加值比重（2005 ~ 2018 年）

资料来源：OECD 全球价值链数据库（TIVA）。

且提升态势很明显，中国制造业增加值率与其他制造业大国之间的差距明显加大。如与制造业增加值率水平最高的德国相比，中德之间的差距从 2005 年的 9% 扩大到 16%。

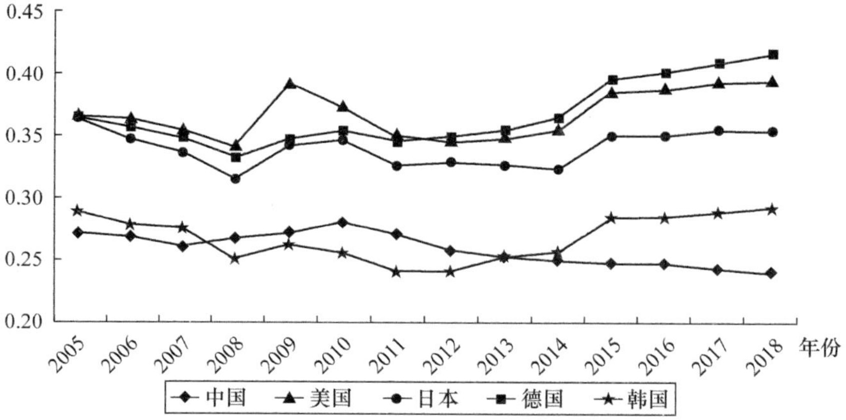

图 3　2005 ~ 2018 年主要国家制造业增加值率水平变化

资料来源：OECD 全球价值链数据库（TIVA）。

以 2005 年到 2018 年各国制造业增加值率及其变化为基准，结合产能规模等相关因素，可以将全球制造业大致分为三个群体，如图 4 所示。

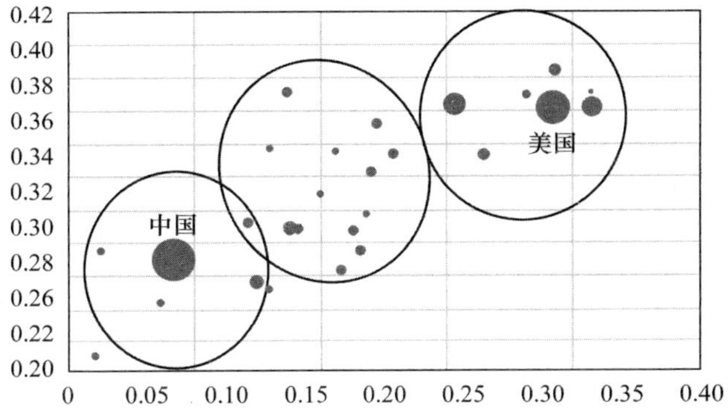

图 4　全球制造业增加值率变化分布图（2005～2018 年）

资料来源：OECD 全球价值链数据库（TIVA）。

第一群体，以美国为核心，包括日本、德国、法国、英国、瑞典、瑞士等，增加值率平均水平 40% 左右，总体制造业产能约占全球 1/4，增加值占全球 1/3。总体来说，这些国家处于全球制造业价值链的上游环节，依靠先进制造技术的领先创新优势，以及关键核心技术设备与零部件的垄断优势，获得了较高的全球价值链收益分配的主控权，并借此实现了远高于全球平均水平的增加值率。其中，尤其是美国、日本和德国，作为全球制造业技术创新的引领者和核心技术垄断者，比全球平均增加值率高 10 个百分点，由此获取的超额利润占到全球整个制造业增加值的 6% 以上。

第二群体以中国为核心，包括印度、巴西、马来西亚、越南、新加坡等，总体生产能力占到全球 40% 左右，但增加值率平均为 25% 左右，比第一群体国家低 15 个百分点，增加值占全球比重约 32%。总体处于制造业全球价值链的低端制造环节。过去十多年中，这一群体国家更多地突出了产业规模的快速扩张，依靠规模经济和生产效率的持续提升，通过大进大出承接全球制造业中低端生产能力，加入全球价值链，逐步建立自身的产业优势，并获得相应的发展机遇。

第三群体的国家包括韩国、意大利、墨西哥、俄罗斯、西班牙、加拿大等，产业规模较小，总体生产能力占全球比重不足 15%。增加值率介于前两个群体之间，总体处于制造业全球价值链连接第一群体和第二群体的过渡地带，依托相对先进的制造能力，发挥着承上启下的关键作用。过去十多年，这一群体国家的制造业产出占比明显回落，增加值率持续提升。据此可知，它们主要选择了技术创新主导的产业链升级战略，在缩短产业链长度的同时，逐步向技术优势明显的高收益价值链环节集中。

概括起来，制造业全球价值链总体呈现出“双核”特征或“哑铃型”结构。其一，是以美国为核心的上游先进制造业群体，其二，是以中国为核心的下游生产制造群体。在中美主导下形成制造业全球价值链基本架构的过程中，两股力量发挥了关键作用，第一是中国，依靠要素优势、规模经济和国内市场的支撑，以及产业配套体系的快速完善，形成了制造业全球价值链的“生产中心”；第二是美国，基于核心技术持续创新升级及不断强化的技术垄断力量，掌控全球产业的超额收益，形成制造业全球价值链的“利益中心”。在中美主导的制造业全球价值链中，其他多数国家，或者加入围绕美国形成的以先进制造技术创新为基础的“利益中心”，或者作为中国主导的生产制造体系的参与者，或者介于两者之间，获取各自相应的产业发展利益。

中国制造业作为过去三十多年来全球价值链深化发展的主导性力量，对全球制造业贸易结构产生了深刻的影响。如图 5 所示，中国是全球制造业产品出口第一大国，2018 年，中国制造业出口占全球制造业总出口的 20% 以上。其次是美国和德国，均占到全球出口 8% 以上。日本、韩国、意大利、法国和英国等处于第三阶梯，出口占全球比重小于 5%。全球前十大制造业出口国出口占全球比重总体接近 60%。

相比出口而言，全球制造业进口的集中程度明显较低。其中，美

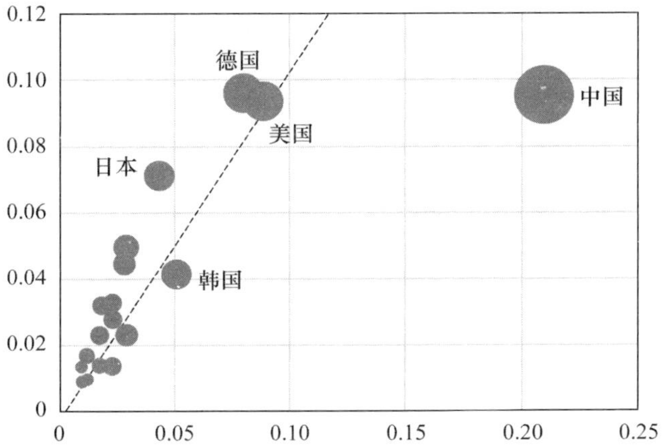

图5　全球制造业出口格局（2005～2018 年）

资料来源：OECD 全球价值链数据库（TIVA）。

国是全球第一大制造业进口国，进口比重占全球15%以上；中国居第二位，占全球11%；德国、日本、韩国、意大利、法国、英国等十国均小于5%，总体占到全球23%左右；前十二大进口国进口比重总体接近全球50%，比出口占比低近10个百分点（见图6）。

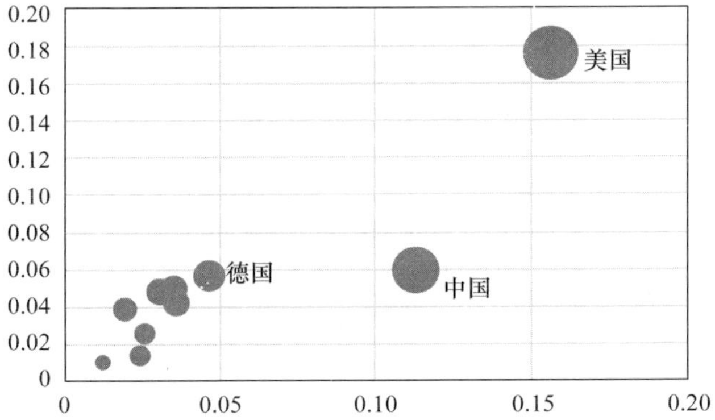

图6　全球制造业进口格局（2005～2018 年）

资料来源：OECD 全球价值链数据库（TIVA）。

与全球制造业生产格局相似，中国和美国仍然是全球制造业贸易格局的主要影响力量。如图7所示，纵轴是2018年各国中间产品进口占总进口的比重，横轴是各国2018年中间产品出口占总出口的比重，断线表示中间产品进出口在总进出口中所占的比例相等，断线之下，表示该国以中间产品进口为主，之上表示该国以中间产品出口为主。制造业全球价值链的“哑铃型”结构在此进一步呈现出：以中国为核心，与德国、韩国、意大利、墨西哥等国共同构成了“出口中心”；以美国为中心，与日本、法国和英国等共同构成了“进口中心”。

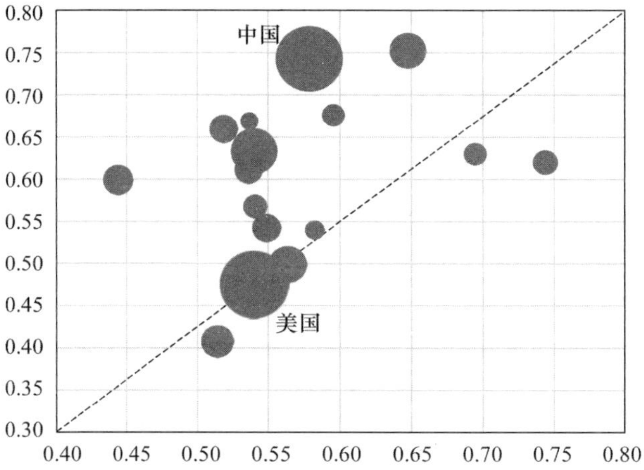

图 7　制造业全球价值链的“哑铃型”贸易结构

资料来源：OECD 全球价值链数据库（TIVA）。

中国作为全球制造业价值链的生产中心和出口中心，与世界各国制造业价值链的融合程度最为广泛和紧密，影响力也是其他国家无法比拟的，但发展进程十分曲折。如图 8 所示，次债危机之前，中国制造业出口中中间产品比重超过 75%，“两头在外，大进大出”的特点突出。危机之后，制造业全球价值链受到直接冲击，中国制造业进出口总量明显回落的同时，中间产品贸易的比重大幅回落，传统的制成品贸易比重明显提高，制造业全球价值链出现一定程度内向收缩。2011 年，中国制造业重新开始新一轮全球价值链的深化和发展，中间产品贸易规模不断增大，比重也持续提高。到 2018 年，中国制造业不再简单延续当初“大进大出”地参与全球价值链分工的初级模式，而是在更加广泛的分工合作基础上，把与全球制造业价值链的融合程度再次提高到75%的水平。与十多年前略有不同的是，制造业出口中中间产品的比重更高了，而进口中间产品的比重没有明显变化，表明中国制造业在全球价值链上的地位不断向上游提升。

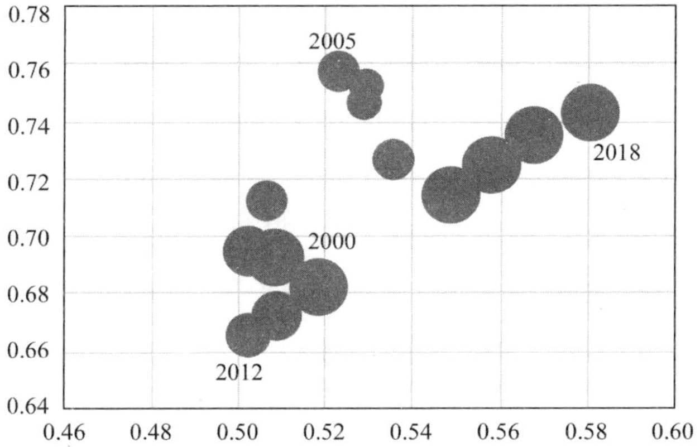

图8　中国制造业中间产品进出口占进出口总量的比重

注：横轴是中国制造业产品出口中中间产品所占比重，纵轴是进口中中间产品所占比重，气泡大小代表中间产品进口和出口的总数量。

资料来源：OECD全球价值链数据库（TIVA）。

三、全球价值链深化背景下跨国产业转移的新特征

新一轮全球产业转移、全球价值链的形成和深化，使得中国具有与过去几轮产业转出国不尽相同的新机遇和新挑战。为此，我们需要仔细比较全球价值链背景下新一轮全球产业转移带来的新特征。

第二次世界大战以后，全球先后发生三次大的产业转移。第一次是传统机械制造业从欧美国家向日本的转移；第二次是传统消费品制造业从日本向“亚洲四小龙”的转移；第三次是全球制造业向中国的全面转移。每次转移都成就了全球经济的一轮繁荣和一批新的高增长的工业化国家。这三次转移中，劳动力等要素的成本优势，是决定产

业转移方向和进程的决定性力量，制造环节的整体性转移是主要方式。但是，进入20世纪80年代以后，当全球价值链开始发挥作用的时候，由于产业链的深化和细化，链条拉长，产业的区域和国家分工，更加深入到细分的产业环节，每一个环节所对应的要素优势差异进一步加大，全球产业转移已经形成与过去三次明显不同的模式和特点。

第一，全球产业转移的壁垒在不断降低。越来越多的后起国家，仅仅依靠少量的要素成本优势就有机会参与其中。产业转移发生的速度明显加快，转移的范围也明显加大。特别是信息技术的广泛应用，进一步降低了产业细化分解和在全球范围分散布局的成本，强化了全球价值链在全球空间进一步扩张的力量。

第二，整体产业链转移的难度不断加大，细分产业局部产业链的转移将成为主要趋势。单一产业价值链的细化分解，为不同产业之间整合相同要素提供了更加广阔的空间，纵向分工链条之间，出现越来越多的横向联系，使得不同产业之间开始形成更加复杂的网格化分工格局，因此不断突破独立生产环节规模经济的优势，逐步升级为超越局部生产环节的整体配套能力，形成了更具体系性特征的综合优势。这一优势超越了劳动力成本等独立要素的重要性，正成为决定全球产业转移模式新特征的主导力量。与此同时，东道国的研发创新能力、投资环境、配套能力，以及终端市场等因素，也比以往三次产业转移时期更加重要了。

第三，产业转出国家和接受国家之间的联系比以往更加紧密，相互之间的依赖性也明显提高。完整的生产体系经过细化分工和跨国分散生产，并重新组合起来的过程中，分工越细化，区域分布越广泛，则相关国家之间的贸易联系越紧密，相互之间的依赖程度越高。这就对传统的国际贸易政策和制度安排提出了新要求，进一步的贸易自由化和更高效的国际贸易投资制度安排，正成为全球价值链进一步深化的必要条件。

第四，跨国产业转移推动形成亚洲区域产业分工网络。过去十多年，面向全球的价值链发展趋势开始转向，并越来越多地向区域性分工转移。近年来，一批后起的亚洲国家对中国产业转移的承接能力快速提升。其中，最具转移潜力的国家和地区包括印度、越南、泰国、马来西亚等。未来将可能形成以中国为核心的、覆盖南亚和东南亚区域的全球制造业生产体系，居于全球价值链的中低端位置。与此同时，中国与日本、韩国等处于价值链相对高端位置的国家的产业分工合作关系也不断加强，形成覆盖多数东亚区域的制造业基地。中国处于两个生产体系的空间交汇地位，是整个体系的主体和主导力量。

四、全球价值链将重拾深化发展进程

金融危机之后，制造业全球价值链深化速度明显放缓。这是对过去高度发展的修补性调整，也是全球金融危机、中美贸易摩擦等短期冲击的结果。展望未来，驱动新一轮全球价值链扩张进程的力量正在不断增强。

首先，信息技术特别是产业数字化进程的不断发展，传统生产体系的标准化和自动化程度进一步提高。AI 技术和机器人日益广泛的应用，使得劳动力低成本和运输距离带来的分工限制被进一步打破。在传统生产环节被进一步细化分工的同时，一些本来需要高素质劳动力的价值链中上游环节，也因为更加标准化生产，而能够在更广泛的区域分散完成，从而为更多的后发国家参与全球价值链打开新空间。

其次，中国作为近二十年来全球制造业发展的主导力量和推动全球价值链升级的主要国家，由于本土劳动力成本上涨与要素比较优势变化，正形成新的、内在的产业转型升级要求，并将影响到全球价值链的发展进程。不过需要注意的是，为尽快降低劳动力成本上涨的冲击，中国本土企业的自动化升级和机器替代人的进程不断加快，劳动力低成本优势的重要性将逐步降低，产业体系的配套能力和支撑产业发展的重要性不断提升，这将有助于稳定中国本土产业的持续发展。

再次，越来越多的后起工业化国家，随着本国产业体系逐步形成，更进一步参与全球价值链分工的能力和热情都在不断提高。另外，收入增长促使消费升级，也使得这些国家的市场增长在全球价值链的转移中形成新的吸引力，印度等部分国家甚至通过提高进口关税来强化这一优势。这些变化从需求侧为全球价值链进一步的分工深化提供了动能。

最后，从近期的最新变化看，中美第一阶段贸易协定的初步达成，有助于稳定全球投资的预期和信心，从而逐步恢复过去几年来跨国投资的增长和全球价值链的重构进程。即使后期还会出现各种不确定性，过去几年逐步形成的区域经济一体化步伐的加快，也将促使区域性的全球价值链取得更加重要的地位，并为在区域性的国际空间完成价值链分工的进一步细化创造条件。

我们有理由认为，金融危机之后，全球贸易和价值链分工深化进程的放慢，是全球产业体系对过去高速发展的一次修补性调整。经过十多年的调整，全球价值链深化扩张的动力在不断积蓄增强，未来十年，将可能开启全球价值链新一轮扩张和深化的周期。在新一轮扩张周期中，中国将处于比以往任何时期都更加核心的地位。顺应新一轮全球产业转移的趋势，提升中国产业在全球价值链中的水平和国际竞争力，需要我们在客观面对可能的变化和风险的同时，以更加开放的心态参与全球化进程，进一步提升在全球价值链中的地位，而不应简单停留在对失去劳动力低成本优势后产业外迁风险的担忧和被动防范上。

五、提升中国制造业全球价值链地位的对策

基于前文分析，我们认为，在制造业全球价值链进一步深化背景下，中国有机会依托过去十多年形成的在全球制造业价值链上的主导地位，充分利用“一带一路”的发展机遇，积极引领，科学布局，构建以中国制造为核心和主导，深度融合日本、韩国和欧洲等发达国家的先进产业技术资源，生产制造体系覆盖印度和东南亚各国，市场辐射全球的制造业价值链体系。实现这一目标，需要多方面的战略支撑。

第一，创新驱动产业转型升级是提升全球价值链地位的根本力量。长期以来，中国依靠劳动力等要素低成本优势，加入全球产业链的低端环节，并获得国际化发展机遇。近十多年来，这一起点优势正在不断消退，周边国家特别是东南亚国家的劳动力低成本优势日益凸显，对中国在全球价值链的主导地位构成挑战，并成为引导新一轮全球价值链重构的重要因素。因此，要保持和提升中国在全球价值链分工中的地位，全面提升技术创新能力、构筑产业核心竞争力、掌握全球价值链的关键环节是根本出路。与此同时，应加快劳动力低成本优势向人力资本优势的提升，实现技术和人才的双轮驱动。

第二，大力改善营商环境，营造更加国际化的规范高效透明的营商环境和制度环境，打破传统的产业进入壁垒，加快发展服务贸易，特别是生产性服务业，进一步降低全球价值链在中国深化分工的交易成本，从而在促使中国本土企业向价值链高端环节提升的同时，加快

全球范围高端产业环节向中国进一步转移，增强本土企业和跨国公司继续投资中国的吸引力。

第三，主动建立和加强与承接国家之间的全球价值链联系，通过合理引导和布局中国制造业产业向外转移的区域和产业环节，构筑与中国本土产业环节之间高效科学的分工配套联系，争取新一轮全球产业价值链结构调整的主导权。应尽快对中国新一轮全球产业转移的影响因素、趋向和策略作出全球科学评估，为企业提供更加规范科学的海外投资政策支持和科学的战略引导，将过去以企业分散投资为主的模式，加以整合引导，构筑相互呼应协作的集群投资模式。从简单的产能转移方式，因地制宜地转变为股权投资、贸易、生产外包等多元化模式的对外投资格局，逐步建立中国本土企业能够较好掌控的全球价值链生产体系，将产能的对外转移转变为中国企业国际化扩展，并借此加快本土产业转型升级步伐。

第四，加大与全球制造业第二梯队国家的价值链融合，加快引进高品质的外资和技术，加强产业和关键技术合作，努力提升在全球价值链“微笑曲线”中的相对地位，向上游关键环节提升，提升产业附加价值和对产业全球价值链的掌控能力。日本、韩国、德国等制造业强国，是全球制造业第二梯队国家，在过去十多年全球价值链重构过程中，纷纷通过向产业链中上游的核心技术环节集中，增强对关键环节的垄断和掌控能力，提高产业附加值，最终实现在全球价值链中的地位升级。目前，这些国家已经与以大规模制造为特征的中国产业体系，形成了清晰的互补性分工格局。这些国家的产业利益，需要通过与中国大规模制造体系的紧密融合，才能获得在全球价值链中的相应价值，实现其核心技术的垄断利益。近年来，面对中国提升产业技术水平的需求，这些国家与中国，开始从简单的垂直型分工向深度的技术合作方向转型，水平分工的特征逐步显现。这一调整方向，有助于这些国家更好地实现已有核心技术的市场价值，也得到了这些国家的重视和积极回应，也为中国在全球价值链中的地位升级提供了重要机遇。

第五，深化与亚洲发展中国家的产业合作。以推进“一带一路”建设为契机，继续深化全球价值链的细化分工和全球布局，突出强化在东亚、东南亚和南亚区域与周边国家之间的产业分工与合作，强化国家间的双边多边合作和自由贸易合作平台的建立，相对弱化周边国家依靠进口关税形成的产业转移的影响力。对企业向外转移的需求，应从被动地“堵”，转向更加积极地引导和布局，通过建立外移产业与本土产业之间更加紧密的分工合作关系，提高其对本土产业体系的依赖性，增加本土产业体系继续贡献的幅度和能力，同时为挖掘中西部地区承接东南沿海地区产业链转移的潜力创造更多的空间。

第六，大力提升中国跨国企业国际化发展的能力。对以拓展海外市场为主要目的的跨国产业转移，应积极鼓励，并创造条件。一方面，这是本土生产能力转型升级的重要机遇；另一方面，这是主动积极地建立与输入国生产能力紧密联系和依赖关系的重要机遇。可以说，对这一进程心态越开放，中国与输入国之间的产业联系将越紧密，价值链的依赖程度越高，以我国为主的全球产业体系的影响力越强。另外，长期以来，中国企业国际化发展的内在动力和紧迫性并不强，参与国际竞争的能力，尤其是面对跨国经营风险的经验、心态和风险防控能力都有所不足。新时代，中国企业将比以往任何时期都更加显著地暴露在国际竞争的压力之下，以更加积极的心态推进中国企业全球化发展，将成为与技术创新同等重要的实现产业转型升级和高质量发展的根本动力。

执笔人：杨建龙

专题报告六

提升市场主体能力 促进制造业高质量发展

制造业高质量发展是整个经济社会高质量发展的基础和重点。促进制造业高质量发展是一个系统工程，需要多方合力，但归根结底还是要有坚实的微观基础，要依靠市场主体能力水平的普遍持续提升。市场主体能力水平是一个宽泛概念，核心体现是企业的技术能力①，也就是企业在快速变化的世界中持续改进产品或服务并赢得市场竞争的能力。支撑这种能力的环境和要素非常多，包括国家发展战略和政策取向、营商环境、企业家精神、工匠精神、创新生态、职业教育体系、产业配套能力等。这些环境的塑造和要素的配置，唯有指向我国企业技术能力的提升，才是有的放矢。

一、制造业发展环境变化对市场主体能力提出迫切要求

提升市场主体的能力水平，对于实现制造业的高质量发展，无疑在任何时候都是非常重要的。但以实现中长期战略目标为指引，结合

① 路风：《走向自主创新：寻求中国力量的源泉》，中国人民大学出版社 2019 年版。

当下我国制造业发展面临外部环境的复杂深刻变化和我国自身发展出现的阶段性特征变化来看，这个要求的紧迫性前所未有。

（一）抓住新一轮科技革命和产业变革历史性机遇、应对世界百年未有之大变局都对提升市场主体能力水平提出了迫切要求

1. 新一轮科技革命和产业变革为我国制造业高质量发展带来了新机遇，但这个窗口期是有限的，必须协同快速推进科技创新和成果的产业化应用，在这个过程中市场主体的能力水平是起决定性作用的

世界近现代发展史表明，工业革命是决定大国兴衰的决定性力量之一。以物联网、人工智能、区块链、生物技术等先进技术为典型特征的新一轮科技革命和产业变革尽管发生在一个服务业占比很高的时代，但以制造业为核心的实体经济能否出现颠覆性变化依然是衡量进展情况的关键因素，特别是对于大国而言。事实上，在过去近半个世纪里，全球制造业只是出现了布局的调整，并未出现持续性衰退。比如，Felipe 和 Mehta（2016）[①] 通过分析一个覆盖 1970～2010 年、包含 64 个国家（覆盖全球 82% 人口）在内的数据库，得出结论：全球制造业增加值占 GDP 比重基本稳定在 17% 左右，全球制造业就业占总就业比重基本稳定在 14% 左右。此外，近年来全球主要国家对“制造业回归”问题的高度重视，也从一个侧面反映了制造业特别是先进制造业依然是新一轮科技革命和产业变革的焦点领域。

新一轮科技革命和产业变革正在快速深刻地改变我们的生活方式、生产方式以及社会治理方式，还在深刻重塑全球产业格局、经贸格局、就业格局、社会格局以及政治经济版图。在前几次工业革命中，

---

① 资料来源：Jesus Felipe and Aashish Mehta，“Deindustrialization? A Global Perspective”，Economics Letters，149（2016）148－151。

我国都处于接受技术扩散和辐射的外围地带，与处于中心地位的发达国家之间的科技落差很大。而在新一轮科技革命和产业变革中，我国尽管仍是一个发展中国家，但已能够凭借长时期的艰苦奋斗和积累与少数发达国家一道成为发展主动权的角逐者，并在一些方面表现出独特优势。要抓住新一轮科技革命和产业变革这个历史性机遇，促进制造业高质量发展是必须要做到的，其中市场主体能力水平的高低就成为一个决定性因素。这是因为，在市场经济条件下，企业等市场主体既是推动科技创新的关键力量，还是推动科技创新成果实现大规模产业化应用的关键力量，这些市场主体的能力水平决定着科技创新成果的质量以及产业化应用的速度和广度。

2. 作为一个发展中大国，要在世界百年未有之大变局中实现伟大复兴，以制造业为主体的实体经济的高质量发展是关键性支撑，做到这一点还是要靠市场主体能力水平的提升

自改革开放，特别是加入 WTO 以来直到 2018 年前后，尽管也曾遭遇过一些短期波折，但我国总体上面对的都是一个相对开放稳定的外部环境。在这个过程中，我国快速推动改革开放并凭借劳动力要素成本等优势，迅速建成全球最完整的工业体系，成为世界第一制造业大国。但近几年来，制造业发展的外部形势发生了诸多重大变化。一方面，美国对我国实施遏制打压的态度已经明朗，两国之间长时期、拉锯式的战略竞争将引发国际政治经济格局及全球治理体系的全方位、深层次变化，这将是我国面临的长期外部发展环境中最主要的变量，给我国制造业发展带来了很多前所未有的压力。另一方面，自国际金融危机爆发以来，我国制造业发展面临的“两头挤压”竞争日趋激烈。对我国制造业而言，不进则退的紧迫性凸显。此外，2020 年以来新冠肺炎疫情的全球蔓延也是一个重要影响因素。疫情不仅给世界各国带来了严峻挑战，还有可能加剧保护主义、孤立主义思潮的传播，给全球化的深化带来很大的负面影响。

对我国这样一个发展中大国而言，保持实体经济特别是制造业的重要地位这一点是必须长期坚持的。这是妥善应对百年未有之大变局可能带来的一系列风险挑战、排除外部干扰做好自己事情的一个极其重要的方面。要解决当前存在的一系列突出问题，实现制造业高质量发展，政府作用的发挥很重要，但最根本的还是要营造一个使各类市场主体能够大量涌现、公平竞争、优胜劣汰的良好环境，在竞争中提高市场主体的能力水平。

（二）补上长期存在的短板问题、稳步增强国际竞争力都对提升市场主体能力水平提出了迫切要求

1. 补上长期存在的产业基础能力不强等突出短板是制造业高质量发展的必然要求，这将是一个非常困难的过程，关键还是要以市场主体能力提升为基础

“大而不强”是我国制造业的真实写照。经过长期努力，我国成为全世界唯一拥有联合国产业分类中全部工业门类的国家，在全球500多种主要工业产品中有220多种的产量位居首位。但与此同时，我国制造业规模体量与关键核心能力、盈利能力之间明显不相匹配，“缺芯少魂”“卡脖子”等问题就是突出表现。以汽车产业为例，我国国内汽车产销规模近10年来都稳居全球第一，目前占全球销量比重在1/4左右，中国市场已成为不少重要汽车企业集团在全球最重要的市场。但若以汽车品牌论，中国品牌汽车产销量大约仅占一半，而且基本都集中在乘用车的中低端车型和商用车领域。若进一步以关键零部

件和材料论，这种差距会更加明显，燃油车领域中的发动机总成和变速器总成等，新能源汽车领域中的电池、电机系统核心控制件和隔膜等关键材料，智能网联汽车领域中的传感器技术、车载计算平台等与发达国家仍有较大差距。正是因为这些原因，我国制造业供给结构与国内需求升级之间不匹配的矛盾日益突出。

补上这些重大短板是一个非常困难的任务，因为这些关键核心技术基本都是主要国家和跨国企业的看家本领，很多是经过长年积累才形成的，但这又是实现制造业高质量发展绕不开的。这是因为，很多新兴产业的发展依然要依靠一些传统核心技术和设备，只是被赋予了新的功能组件和应用场景。比如，SPE 电解水制氢技术是 GE 公司于 20 世纪 70 年代初期为满足美国载人航天、海军核潜艇发展需要研发的，本意是制氧，近年来随着“氢能社会”愿景的提出以及氢燃料电池汽车的发展而得到了普遍关注。而且，相比处在一个相对开放稳定的国际环境下，这些重大短板问题的制约在当下会更加明显。今后一个时期特别是随着我国科技水平接近世界前沿地带，一些发达国家阻滞我国产业升级的动机很可能强化，我国面临“卡脖子”问题的范围、程度和影响有可能持续增大。要尽快破解这些难题，既需要充分发挥我国社会主义制度的显著优势，也要运用好超大规模多层次国内市场等独特优势，但最主要的还是要靠不断提升市场主体的能力水平，真正在供给侧实现质的突破。

2. 稳步提高国际竞争力、不断拓展国际市场是实现制造业高质量发展的必然路径，在更为激烈的竞争中谋求重要地位对市场主体能力水平提出了更高要求

在总量调整的同时实现国内外布局的优化调整，这是一个大国制造业发展过程中的必经之路，也是企业真正经受严峻考验的阶段。特别是要想在发达国家市场中占有重要的一席之地，企业需要具备很高的包括技术创新能力、品牌管理能力、国际化运营能力等在内的综合能力。而且还要看到，国际领先市场的竞争非常激烈，还存在不少显性或者隐性壁垒，事实上对外部进入企业提出了更高的要求。这样的例子很多，华为就是近期最典型的。如果我国能够成长出这样一批国际领先的跨国企业，或者一批能够在重要细分市场占据绝对领导地位的“隐形冠军”企业，就足以说明我国制造业高质量发展取得了显著成效。

二、市场主体能力水平建设进展及存在的突出问题

提升市场主体能力水平是一项长期的系统工程。近年来，中央政府提出了系统的顶层设计，各地方政府也结合本地实际出台了一系列政策措施，重点包括有效激发全社会的创业创新活力，加快营造市场化、法治化、国际化的营商环境，不断规范平等准入、公平竞争的市场竞争秩序，持续推动技术改造及新技术应用等方面。

（一）大力推进“双创”工作，激发释放整个社会的创业创新活力，持续快速催生市场主体

在市场经济条件下，市场主体能力水平的提升最主要是依靠市场在资源配置中决定性作用的发挥，是在激烈甚至残酷的市场竞争中实现的。要做到这一点，首先必须能够有效激发整个社会的创业创新活力，进而催生新的市场主体不断涌现。

近年来，我国对“双创”工作高度重视。2015 年 6 月，国务院印

发了《关于大力推进大众创业万众创新若干政策措施的意见》（国发〔2015〕32号），按照“坚持深化改革，营造创业环境”“坚持需求导向，释放创业活力”“坚持政策协同，实现落地生根”“坚持开放共享，推动模式创新”的思路和原则，从创新体制机制、优化财税政策、搞活金融市场、扩大创业投资、发展创业服务、建设创业创新平台、激发创造活力、拓展城乡创业渠道、加强统筹协调等创业创新全链条的各个方面提出了30条政策举措。2018年9月，国务院又印发了《关于推动创新创业高质量发展打造“双创”升级版的意见》（国发〔2018〕32号），进一步提出了创新创业服务全面升级、创业带动就业能力明显提升、科技成果转化应用能力显著增强、大中小企业创新创业价值链有机融合、国际国内创新创业资源深度融汇等5个主要目标，并从着力促进创新创业环境升级、加快推动创新创业发展动力升级、持续推进创业带动就业能力升级、深入推动科技创新支撑能力升级、大力促进创新创业平台服务升级、进一步完善创新创业金融服务、加快构筑创新创业发展高地、切实打通政策落实“最后一公里”等方面提出了34条更聚焦、更精准、更有含金量的政策举措。

在中央统一部署要求下，各地结合自身实际开展了多样化探索，提出了一系列有本地特色的政策措施。比如，宁波市抓住国家小微企业创业创新基地城市示范这一“点火器”，全力激发全城创新创业热情，推进创新创业载体建设、公共服务体系完善、税费普惠金融助推、体制机制改革创新、市场创业活力倍增、小微企业升级加速等六大工程，目前已累计拥有各类创新创业空间载体300多家，在全国率先开展企业简易注销登记，涉企行政审批事项基本实现全城通办，项目审批效率居副省级以上城市首位，三年内为小微企业减税降费近866亿元，平均每户减税降负24万元。[①] 宁波市政府在2019年底印发了《关于推动创新创业高质量发展打造“双创”升级版的实施意见》，提出要通过6个方面的26条政策举措，推动全市创新创业迈上更高水平，力争到2022年形成省级以上“双创”示范基地10家，培育创新型初创企业1.5万家，累计认定高新技术企业3200家。

“双创”的推进明显释放了整个社会的创业创新活力，一个最直观的表现就是市场主体数量的持续快速增加。2012～2019年，我国年末市场主体数量从5494.8万户迅速增长到12339.5万户；同期企业数量从1366.6万户增长到3858.3万户，企业占全部市场主体的比重目前已接近1/3（见图1）。

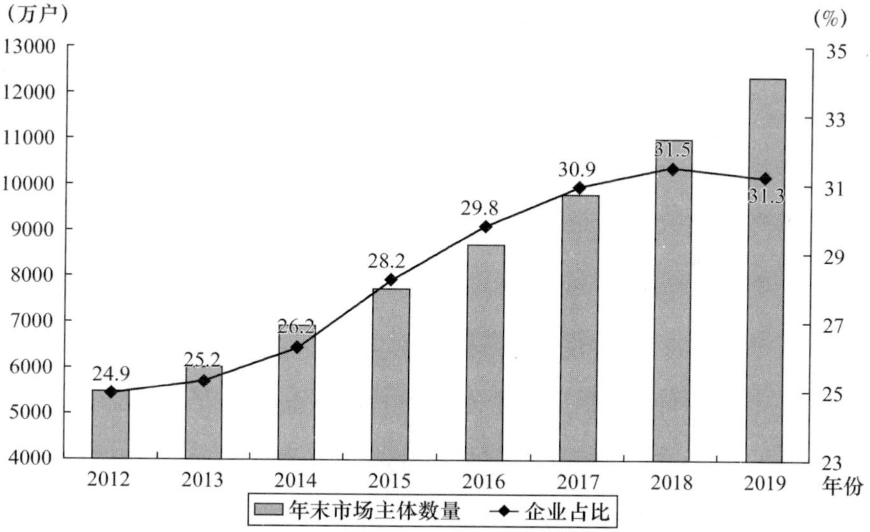

图1　我国2012～2019年末市场主体数量及企业占比

资料来源：Wind、国家市场监督管理总局网站、人民网；作者计算。

“双创”相关政策特别是关于企业研发费用加计扣除等的不断推进和升级，对促进市场主体持续加大研发投入以及创新支撑能力水平

① 易鹤：“宁波全力打造‘双创’升级版”，《宁波日报》，2019年12月6日。

的提高有很大积极影响。2012～2018 年，我国规模以上工业企业 R&D 人员全时当量稳步提高，从 2246179 人年提高到 2981234 人年，R&D 经费从 7200.65 亿元快速提高到 12954.83 亿元，而有效发明专利数则翻了近两番，从 277196 件增长到 1094200 件（见表 1）。

表 1　　2012～2018 年我国规模以上工业企业 R&D 活动情况

年份	R&D 人员全时当量（人年）	R&D 经费（亿元）	有效发明专利数（件）
2012	2246179	7200.65	277196
2013	2493958	8318.40	335401
2014	2641578	9254.26	448885
2015	2638290	10013.93	573765
2016	2702489	10944.66	769847
2017	2736244	12012.96	933900
2018	2981234	12954.83	1094200

资料来源：历年《中国统计年鉴》；作者整理。

独角兽企业数量也是新兴市场主体能力水平的一个重要体现。根据 CBInsights 公司 2019 年 8 月发布的报告，全球共有 393 家独角兽企业，其中美国企业占比最高达到 49% 左右，其次是我国企业占比约为 24%，紧随其后是英国和印度企业占比 5% 左右。从单个企业来看，估值最高的前 3 位分别是中国的字节跳动（750 亿美元）、滴滴出行（560 亿美元）和美国的 JUUL Labs（500 亿美元）。[①] 另据胡润研究院“2019 胡润全球独角兽榜”，以估值 10 亿美元以上的科技初创企业、创办不超过 10 年、获得过私募投资且未上市为标准，全球共有 494 家独角兽企业，其中中国有 206 家，美国有 203 家。从单个企业看，估

① CBInsights：“$1B + Market Map：The World's 390 + Unicorn Companies in One Infographic”，2019 年 8 月 28 日。

值最高的前 3 位全部来自中国，分别是估值 1 万亿人民币的蚂蚁金服、5000 亿人民币的字节跳动和 3600 亿人民币的滴滴出行。[①]

（二）深入开展“放管服”改革，打造更加市场化、法治化、国际化的营商环境，给市场主体以更大便利

营商环境是市场主体在进入、经营、退出等全过程中面对的政务环境、市场环境、法治环境等各种外部环境的总称。“放管服”改革是打造更加市场化、法治化营商环境的关键抓手，是通过政府自身的深刻革命实现政府职能转变并重塑政府和市场关系，让各类市场主体能够在一个更加公平、更加开放、更加便利、更加确定的市场环境中开展竞争。

自 2015 年以来，我国持续深入开展“放管服”改革。国务院每年都召开一次全国电视电话会议，对“放管服”改革作出部署。2019 年 6 月，李克强总理在全国深化“放管服”改革优化营商环境电视电话会议上表示，“近几年来，我们不断放宽市场准入，大幅削减行政审批事项，彻底终结非行政性许可审批，全面改革商事制度，实行全国统一的市场准入负面清单制度；全面实施‘双随机、一公开’监管，加强信用体系建设；优化政务服务，提升服务效率。同时，将‘放管服’改革与大规模减税降费，特别是由点到面推开的‘营改增’结合起来；与对中小企业实行普惠性优惠政策、清理涉企收费和降低融资、用能、上网、物流等成本结合起来；与实施创新驱动发展战略、广泛开展大众创业万众创新结合起来，协同发力，有效激发了市场主

---

① 胡润研究院：“2019 胡润全球独角兽榜”，2019 年 10 月 21 日。

体活力和社会创造力”。[①] 应该看到，“放管服”改革是打造市场化、法治化营商环境的关键一招。

很多地方政府也把深入推动“放管服”改革作为改善营商环境的重中之重，开展了一系列政策探索。比如，东莞市在前期工作的基础上出台了《东莞市2019年“放管服”改革六大品牌行动方案》，集中推出了“银政通”企业开办一体机、市政公用基础设施报装“一键装”、信用联合奖惩“一网通”、“一件事”一次办、惠企政策精准服务“一站享”、“不动产登记+金融”一体办等“放管服”改革六大品牌，希望继续打造一批具有东莞特色的“叫得响、过得硬”的改革品牌。以惠企政策精准服务“一站享”为例，东莞市有关部门正在建立“企业画像”数据模型，从企业开办起按其所处生命周期的不同阶段，精准、智能推送所需政策的信息、解读和评估等；同时，建立政企直接联系服务机制，打造多层次的服务专员体系，线上线下为企业提供全程政策指引。[②]

通过持续开展“放管服”改革，市场主体在市场竞争全过程中的便利性都有了明显提高，其面对的非市场成本也在下降。我国营商环境国际排名的提升就很好地刻画了这种变化。世界银行全球营商环境系列报告的数据显示，我国的经商便利度分数逐年提高，排名也稳步提升，特别是近两年，分数和排名都有大幅提高，其中排名分别提高32位和15位，目前排名全世界第31位（见表2）。

---

① 李克强在全国深化“放管服”改革优化营商环境电视电话会议上的讲话，中国政府网，2019年7月28日。

② “东莞推出‘放管服’改革六大品牌 开办企业半天搞定”，《经济日报》新媒体官方账号，2019年11月6日。

表 2　　　　我国在世界银行营商环境报告中的得分及排名情况

报告标题年份	经商便利度分数	排名	较上年变化
2012	—	91	
2013	—	91	无变化
2014	—	96	下降 5 位
2015	62.58	90	提高 6 位
2016	62.93	84	提高 6 位
2017	64.28	78	提高 6 位
2018	65.29	78	无变化
2019	73.64	46	提高 32 位
2020	77.9	31	提高 15 位

资料来源：The World Bank Doing Business Reports；作者整理。

（三）持续推动技术改造，为市场主体适应和引领创新发展要求打下坚实基础

从历史发展经验及当下实践看，实体经济特别是制造业的发展普遍是一个“渐变”而非“突变”过程。遵循这种规律，通过持续推动技术改造和先进技术应用来不断提高市场主体能力水平，是一种经济的、现实的转型升级路径，也是推动制造业高质量发展的必由之路。而且，在制造业高速发展时期，制造业投资增速一般会明显高于技术改造投资，而当制造业整体规模发展到一定程度后，投资增速下滑是不可避免的，但与此同时技术改造投资则将保持相当长的一段时间的增长态势。这种变化也是从规模扩张到质量改善过程的一个必然表现。

国家一直高度重视企业技术改造问题。2012 年 9 月，国务院印发了《关于促进企业技术改造的指导意见》（国发〔2012〕44 号），提出了推进技术创新和科技成果产业化、提高装备水平、促进绿色发展、优化产品结构、推进信息化与工业化融合、促进安全生产、提升产业

集聚水平、加强公共服务平台建设等 9 个方面的重点任务。

很多地方也把支持企业技术改造作为促进有效投资、优化产业结构、提高地方经济竞争力的重点政策手段之一。比如，佛山市在 2019 年出台了《佛山市工业企业技术改造固定资产投资奖补实施方案（2019 - 2021 年）》，对在库规模以上工业企业，按上一个年度内企业技术改造完成的固定资产投资额（已付款项）的 5% 对企业进行事后奖补，单个企业当年获得技改固投奖补资金总额不超过 1 亿元（含本数）；对其他工业企业，按上一个年度内企业技术改造完成的固定资产投资额（已付款项）的 3% 对企业进行事后奖补，单个企业当年获得技改固投奖补资金总额不超过 6000 万元（含本数）。[①] 近年来，佛山市制造业发展取得良好成效，大力度推进技术改造也是其中一个重要原因，企业加强技术改造与提高盈利水平之间已形成了一个良性循环。

尽管近年来制造业资产投资增速处在下降通道，但制造业技术改造投资在一系列精准政策的支持下却呈现出更好的增长态势。2013 ~ 2018 年，我国制造业投资平均增速为 9.4%，而制造业改建和技术改造投资平均增速为 16.5%，两者相差 7.1 个百分点（见表 3）。

表 3　2012 ~ 2018 年我国制造业投资增速情况

年份	制造业投资（亿元）	增速（%）	制造业改建和技术改造投资（亿元）	增速（%）
2012	124403.9	—	28844.9	—
2013	147584.4	18.6	36661.0	27.1
2014	166897.7	13.1	42305.7	15.4
2015	180223.4	8.0	49438.2	16.9

① 唐易婷："最高 1 亿元！佛山出台企业技术改造固定资产投资最新奖补政策"，《佛山日报》，2019 年 8 月 16 日。

续表

年份	制造业投资（亿元）	增速（%）	制造业改建和技术改造投资（亿元）	增速（%）
2016	187836.0	4.2	53802.3	8.8
2017	193615.7	3.1	60374.3	12.2
2018	—	9.5	—	18.7

资料来源：历年《中国统计年鉴》；作者整理。

除上述三个方面外，我国近年来持续推进落后产能淘汰工作以及开展普惠性、大规模减税降费等，为很多行业的企业恢复经营和盈利水平、增强可持续发展能力提供了重要保障；大力度推动制造业以及服务业领域对外开放步伐，为各类企业创造了一个更为公平、开放的市场竞争环境；不断加强5G、工业互联网等新型基础设施建设，为企业迎接数字经济时代打下了坚实基础，等等。所有这些工作的有效推进，最终的落脚点都是提高市场主体的能力水平，用高水平市场主体支撑制造业乃至整个经济社会的高质量发展。

（四）从目标导向和问题导向出发，以及对标国际先进水平来看，目前依然存在一些突出问题

市场主体能力水平的提升是一个永无止境的发展过程，既涉及企业从进入、经营到退出的全流程和各个环节，也受企业所处经济社会环境的影响。从我国制造业当下所处的发展环境和发展形势，以及要实现高质量发展的目标，包括与国际领先水平的比较来看，我国市场主体在能力水平方面还存在一些突出短板。这些短板有的是企业自身需要克服解决的，有的是要通过其他领域的体制机制改革来解决的。重点包括以下几个方面。

一是市场主体普遍的能力水平与高质量发展要求之间仍有差距。突出的表现就是整个经济体系的产业基础能力和产业链现代化水平还

不够高。对后发国家而言，存在这类短板在所难免，是由客观基础决定的。在我国过去几十年的发展历程中，在关键核心技术、零部件、材料、系统等方面一直与发达国家存在较大差距，“卡脖子”的风险长期存在并在一些时点不同程度地出现过。近两年来受中美经贸摩擦影响，此类问题尤为凸显，而且回过头来看，我国在一些领域面临的“卡脖子”问题相比加入WTO之时并没有缓解甚至还在加剧。导致这个问题出现的原因有很多，除了难度巨大之外，还包括基础研究投入比重不高、科研成果转化存在瓶颈、产业链和创新链匹配程度有待加强、核心技术攻关和重大研发项目组织保障的体制机制有待健全，等等。

二是一视同仁、公平有序的市场竞争环境建设还在路上。突出的表现就是营商环境与国际先进水平依然有差距。市场化、法治化、国际化的营商环境是市场经济运行良好的必要前提，也是市场主体能力水平能够长期持续提高的根本保证。虽然近两年我国在世界银行营商环境评价中的排名快速提升，但是要清醒地认识到，这只是反映了我国最发达地区的情况而不是全国范围的普遍情况。营商环境建设是一场刀刃向内的政府自我革命，绝不是一蹴而就、一劳永逸就能实现的。从当前我国很多地区的实际情况看，准入不准营、管理有余服务不足、包容审慎监管要求落实不到位等现象依然不同程度地存在。这种情况，也使得企业家精神的充分发挥受到限制。

三是大中小企业协同发展的潜力尚未得到充分发挥，突出的表现就是制造业头部企业的牵引能力还不够强，“专精特新”中小企业的数量和质量仍有较大提高空间。一方面，我国尽管拥有巨量的市场主体，也有超大规模国内市场优势的支撑，但在制造业领域世界领先的工业综合体和平台型企业依然不多，在很多细分领域中拥有独特竞争优势和很高市场份额的“隐形冠军”企业也依然不多。另一方面，我国有全世界最完整的工业体系，但大中小企业在全产业链的协同上仍面临一些体制机制和政策障碍，潜在优势尚未得到充分发挥。

三、政策建议

提升市场主体能力水平，既需要从企业初始创立、准入准营、平等竞争、正常退出等全过程入手提高便利度、公平性，还需要针对当前存在的薄弱环节和短板环节有针对性地加以扶持，同时也需要顺应新一轮科技革命和产业变革发展趋势提前布局，重点包括以下三个方面。

（一）以持续推动“双创”相关工作为重点，有效激发各类市场主体创业创新的活力和创造力

持续加大对创业创新活动的政策扶持力度，优化和提升创业创新相关服务质量，充分发挥已有创业创新各类平台的功能作用，鼓励支持各类人才到创业创新类中小微企业就业。新产业新业态新商业模式（以下简称“三新经济”）是创业创新最活跃、最集中的领域之一。要抓住新冠肺炎疫情中和疫情后一批“三新经济”呈现高速发展的机会窗口，完善有利于“三新经济”发展的体制机制和政策环境，通过深化劳动力、数据等要素市场改革来持续降低相关成本，优化政府监管和助推方式，推动地方政府落实好包容审慎监管要求，对“零工经济”“共享员工”等新的就业方式在劳动保护、社保缴费等方面持续探索符合数字经济发展趋势的做法。继续推进落实科研评价体系改革，给予科研院所和高校更多考核评价权，减少不合理、不必要的考

核，避免简单量化的考核方式，抓紧探索构建适合我国国情的科研考核评价体系，释放并进一步激发广大科研人员的创业创新活力。加强包括知识产权在内的各类产权保护，加快建立惩罚性赔偿制度，加强执法队伍建设，研究制定商业秘密认定及损失认定细则，加大商业秘密保护力度，切实保障企业家、科学家的创新收益权，充分发挥企业家精神和工匠精神。

（二）以持续优化营商环境为重点，为市场主体投资兴业营造稳定、公平、透明、可预期的良好环境

继续深化“放管服”改革，加快推动“证照分离”“照后减证”工作，进一步破解“准入不准营”等突出问题，与宽进严管、加强事中事后监管的要求相衔接。进一步简政放权，深化工程建设项目审批改革，统一审批流程、管理体系和监管方式，提高审批效率；深化招投标制度改革，有效解决低质低价中标、不合理限制排斥潜在投标人等问题以及打击围标串标等违法行为，规范招投标秩序。大幅压减市场准入负面清单、行政许可事项清单、职业资格资质认定目录清单、中介服务事项清单等，凡是能够由市场机制解决的都交给市场决定，最大限度减少政府对市场资源的直接配置和对市场活动的直接干预。加强质量、安全、公共卫生等方面监管，加大违法惩戒力度，规范监管执法行为，持续构建以信用为基础的监管体系，充分运用互联网、大数据等新技术来提升监管效能。开展好《优化营商环境条例》《外商投资法》的落地实施，及时修订调整与之相抵触或者不配套的管理办法等，落实好竞争政策的基础性地位，加大反垄断、反不正当竞争执法力度，推动营商环境法治化建设。持续加强和改进政府信息公开工作，以公开为常态、不公开为例外，提高数据公开的质量和便利性。

为民营经济营造更加公平良好的发展环境，考虑适时推出一批涉及依法行政、科研布局、垄断性行业改革、重大项目建设等领域的标志性事件，进一步坚定民营企业和民营企业家信心。对标国际高标准营商环境，鼓励支持各地积极探索，并将其中行之有效的政策措施加快推广到全国范围。

（三）以推动企业技术改造和全产业链协同为重点，提升市场主体适应新一轮科技革命和产业变革的能力

技术改造是制造业企业实现能力长期稳步提升的最有效手段。要继续支持企业开展包括 R&D 投入在内的技术水平提升活动，特别是考虑到新冠肺炎疫情对实体经济的冲击，可研究把现行研发费用加计扣除政策往前追几年，或者提高加计扣除比例。充分发挥我国市场规模巨大、工业门类齐全、产业链相对完整的独特优势，以重大终端需求为牵引，主要以重要终端用户企业或者行业相关机构为牵头方，针对具备基础条件的重点产品开展全产业链系统提升工作，加强各相关主体在技术合作、产用衔接、服务配套等方面的协同配合，以此作为提高工业基础能力和产业链现代化水平的重要抓手。适应新一轮科技革命和产业变革要求，动员全社会力量加快推进交通、能源、物流、市政等基础设施的数字化改造，加快推动以 5G、人工智能、工业互联网、物联网、重大科技基础设施、产业技术创新基础设施等为代表的信息基础设施、创新基础设施建设，提高新型基础设施的供给质量和效率，为各类市场主体提高数字化转型能力水平提供必要和坚实的基础。

执笔人：宋紫峰

参考文献

[1] Jesus Felipe and Aashish Mehta, "Deindustrialization? A Global Perspective", Economics Letters, 149 (2016)
[2] The World Bank, "Doing Business 2012 (2013、2014、2015、2016、2017、2018、2019、2020)"
[3] 国务院发展研究中心课题组．借鉴德国工业 4.0 推动中国制造业转型升级．北京：机械工业出版社，2017
[4] 路风．走向自主创新：寻求中国力量的源泉．北京：中国人民大学出版社，2019
[5] 马骏，袁东明，马源．以全面优化营商环境支撑高质量发展．国务院发展研究中心调查研究报告，2018-11
[6] 宋紫峰．未来全球产业分工格局变化分析．中国发展观察，2019-12
[7] 赵昌文等．新工业革命的中国战略．北京：中国发展出版社，2018
[8] 赵昌文，宋紫峰．建设现代化经济体系需提升四大能力．经济日报，2020-03-31

案例一

上海市推动制造业高质量发展的探索与实践

作为中国近代民族工业的发祥地，“上海制造”曾因品质精良享誉海内外。进入新时代，“上海制造”又被赋予拥有核心技术、掌控产业链关键环节、占据价值链高端、引领业态模式创新的新使命和新内涵。在探索和实践制造业高质量发展的道路上，上海不仅传承制造业优秀基因，更以改革开放再出发、构筑城市发展战略优势的新要求，为上海制造业不断注入新活力，增加新动力。

一、上海市制造业高质量发展态势

1. 制造业技术创新取得突破

上海坚定发展高端制造业，在航空航天、深海、集成电路、医疗设备等领域取得一系列重大技术进步。国家战略专项加快实施，ARJ－21新支线客机实现批量生产、C919大型客机首飞成功、CR929中俄远程宽体客机项目转入初步设计阶段，CJ－1000A航空发动机、长征六号火箭、“海洋石油981”号钻井平台、AP1000核电设备等一批重大装备取得突破，产业重点项目取得显著进展。上海超前布局的柔性

AMOLED 生产线下线的全面屏，正成为当前手机市场升级换代的新标配。华力二期 12 英寸集成电路芯片生产线经过一年多的磨合期，迎来产能释放期，最终月产能将达 4 万片，工艺等级为 28 至 14 纳米，将使华虹集团的集成电路制造规模进入全球前五位，工艺技术进入全球第一梯队。联影产品进入世界医疗影像产业最发达的美国市场，从第一台磁共振开始，到第一台 PET - CT，再到全球首创的 2 米 PET - CT，已在美国各地装机近 20 台各系列影像产品。上海升翕光电科技有限公司建成国内第一条高世代 AMOLED 蒸镀源系统的组装、测试调试生产线，实现了国内零的突破，关键技术指标达到国际先进水平。

2. 制造业内部结构持续优化

上海市主动减少经济增长对重化工业、加工型劳动密集型产业的依赖，加快制造业内部结构转型升级，知识、技术密集型产业占比不断提升，以新技术、新产品和智能制造为特征的工业战略性新兴产业总产值占规模以上工业总产值的比重不断上升，新经济新动能对上海市工业的拉动作用进一步发挥。2018 年，全年节能环保、新一代信息技术、生物、高端装备、新能源、新能源汽车、新材料等工业战略性新兴产业完成工业总产值 10659.91 亿元，比上年增长 3.8%，增速高出该市规上工业总产值 2.4 个百分点，占该市规上工业总产值比重的 30.6%。分领域看，生物增长 9.8%，新一代信息技术增长 5.8%，高端装备增长 5.7%，新能源汽车增长 5.4%，除新材料制造业外，战略性新兴产业各行业增速均领先该市工业。三大重点产业稳步推进，在产业结构中占比持续提高。集成电路产业规模稳步增长，2019 年 1 ~ 6 月，上海集成电路产业销售收入约为 586 亿元，比 2018 年同期增长 13% 左右。服务器、3D 打印设备等高技术产品产量分别增长 28.7% 和 1.5%。生物医药产业保持较快增长，2019 年 1 ~ 6 月增长 7.6%，其中，化学药品制剂制造、生物药品制造分别增长11.5%、11.2%。人工智能逆势增长，富瀚微、寒武纪等企业上半年订单量大幅上涨，主要是华为、海思供货需求激增。

3. 制造业对外开放不断深化

以中国（上海）自由贸易试验区为平台，上海制造业对外开放领域进一步放宽。2019年1～11月，外商及港澳台投资实现工业总产值占全市规模以上工业总产值比重约40.6%。上海将加快实施汽车、飞机、船舶等产业对外开放，集聚全球高端要素与上海制造产业链、创新链、价值链深度融合，促进上海高端制造、智能制造创新发展，在先进制造业方面实现扩大开放与高质量发展良性互动。电动汽车开放举措已开始落地，特斯拉纯电动车项目落户上海临港，成为上海落实国家部署，取消汽车制造行业外资股比限制以后的首个项目。按照协议，特斯拉公司将在临港地区独资建设集研发、制造、销售等功能于一体的特斯拉超级工厂，该项目规划年生产50万辆纯电动整车，这将是上海有史以来最大的外资制造业项目。"上海扩大开放100条"还专门关注再制造领域，提出要创新发展高端绿色进口再制造。大力发展再制造产业将要突破很多政策限制。在"上海扩大开放100条"政策的支持和指引下，再制造将会在中国得到广泛发展，未来的上海将成为再制造工业的中心。

4. 制造业绿色发展成效明显

上海制造业绿色发展水平稳步提升。通过制定实施土地资源高质量利用的若干意见，2018年上海市全年完成低效建设用地减量15.2平方公里，工业园区单位土地产值提高至74.5亿元/平方公里左右。传统产业改造升级和落后产能调整淘汰深入推进。2018年发布的《上海市产业结构调整负面清单（2018版）》，提高了钢铁、化工、建材、机械、纺织、轻工等15个行业的调整筛选标准，全年完成市级产业结构调整项目1460项，减少能耗量24万吨标准煤；推动工业节能和绿色化改造，支持116项重点节能技改项目，实现节能量8.77万吨标准煤；推动322家重点企业开展清洁生产，支持41个清洁生产改造项目，全年综合利用大宗固废1000万吨，利用率97%以上；培育发展节能环保产业，2018年实现总营收1418.7亿元，首次超过1400亿元，40余项先进节能节水、环保、资源综合利用技术装备入选国家推荐目录。2018年上海市单位生产总值综合能耗比上年下降5.56%，“十三五”前三年已累计下降13.86%，完成“十三五”总目标的80%。上海规模以上工业单位增加值能耗2018年再降5.2%，已提前两年完成下降15%的“十三五”总目标。

5. 制造业网络互联初具规模

以工业互联网为代表的制造业产能共享已经成为上海“互联网+制造”的重点发展对象。作为全国工业互联网创新发展先行城市，上海从2017年开始就将工业互联网作为助力制造业高质量发展，助推制造强国建设的重要战略选项。工业互联网重大项目示范和赋能效应持续显现。2018年，上海超60家工业互联网企业获工信部认可。华峰超纤、海尔数字等11个项目获工信部专项支持，数量占全国12%；找钢网等6个项目入选工业互联网试点示范；上海航天设备等5个项目、赛摩等8个项目、新力动力等29家企业分别入选制造业与互联网、制造业“双创”、贯标试点。此外，上海连续3年推出工业互联网专项，累计支持150个项目。工业互联网助力企业实现降本提质增效成果显著，超过200家大型企业依托工业互联网创新实现提质增效，超6万家中小企业、民营企业上云上平台。企业平均降本7.3%、质量提高6%、产品交付率提升9%、设备利用率提升9.2%。上海涌现出了“平台应用”“标识解析平台”“制造平台服务”等一系列制造业转型发展新模式新业态的典型案例。其中不乏5G、AI和工业互联网交汇的创新案例，如上海电气集团股份有限公司5G、AI工业互联网平台，上海飞机制造有限公司5G 、AI工业互联网平台等。

二、上海市推动制造业高质量发展的主要做法

1. 编制并实施制造业发展总体规划

上海市政府注重制造业发展的顶层设计和规划。《上海市制造业转型升级“十三五”规划》是上海“十三五”期间制造业发展的纲领性文件。该规划结合上海实际和发展趋势，明确加快发展战略性新兴产业，改造提升传统优势制造业，积极推进生产性服务业；同时，按照建设科技创新中心和新一轮城市总体规划要求，进一步优化制造业和生产性服务业布局，郊区集聚发展先进制造业，中心城区优先发展高附加值都市型工业和高端生产性服务业，形成“创新引领、带状分布、集群集聚”的产业空间布局。按照规划，到2020年，上海制造业增加值占全市GDP比重力争保持在25%左右，自主创新能力显著提升，信息化与工业化融合持续深化，综合竞争力迈入世界先进水平行列，力争成为具有高附加值、高技术含量、高全要素生产率的国际高端智造中心之一。

上海市政府和相关行政部门还积极出台推动制造业与新一代信息技术深度融合的指导政策、实施意见、行动方案。2017年，以市政府名义相继发布了《上海市加快制造业与互联网融合创新发展实施意见》和《上海市工业互联网创新发展应用三年行动计划（2017－2019年)》，明确了上海推进制造业与互联网融合和工业互联网创新发展的

目标任务和工作重点，围绕工业互联网产业创新生态体系建设，提出了“六类重点产业”“四大创新模式”“三大重点工程”和“五项保障措施”等。2019 年 7 月，上海市经济和信息化委员会研究制定的《上海市智能制造行动计划（2019 – 2021 年）》正式发布。该计划将进一步推广应用智能制造新模式，实施上海智能制造“十百千”工程，推进长三角智能制造“百千万”工程，推动 5G 通信、人工智能、大数据及工业互联网等新兴技术和制造业深度融合，打造“一核一带”智能制造产业集群。

2. 以“四个论英雄”倒逼制造业转型升级

上海全市上下深刻领会习近平生态文明思想，全面贯彻落实中央各项部署，将生态环境保护摆在更加突出的位置，以“四个论英雄”追求制造业的高质量发展。2018 年上海市经济信息化委等十部门联合印发《关于本市开展资源利用效率评价工作的指导意见》。该指导意见明确，要着力提高经济密度，提高投入产出效率，树立“以亩产论英雄”“以效益论英雄”“以能耗论英雄”“以环境论英雄”的绩效导向，建立资源利用效率评价办法，以评促转、以评促优。以资源利用效率评价结果为依据，深化差别化政策指导，在产业准入、土地供应、技术改造、结构调整等方面分类施策，支持优质企业创新发展和提升能级，促进低效企业调整改造和转移腾退，持续推动经济规模和效益提升。2019 年，实现全市工业用地资源利用效率评价全覆盖，形成招商引资阶段产业准入、项目落地建设阶段开竣工监管、达产运营阶段资源利用效率评价的全生命周期管理机制。2020 年，建立资源利用效率评价、要素精准配置、政策差别化引导的常态化工作机制。

资源利用效率评价工作由市级统筹指导，各区制定资源利用效率评价具体办法，确定评价指标体系和操作方案。在亩均税收、亩均产值、人均产值、单位主要污染物税收等核心指标基础上，各区可因地制宜，优化核心指标取数口径，增设其他评价指标。可在产业特色、科技创新、社会贡献、质量品牌、节能减排、安全生产、环境保护等方面，设立加分项或减分项，并设立扶持、豁免、加分、降级、一票否决等调整规则。

参照资源利用效率评价结果，将企业分为优先支持类、鼓励提升类、调整转型类和整治淘汰类等四类情况，依法依规分类施策，重点在产业准入、用地保障、技术改造、能源价格、财税政策、信贷政策等方面，制定正向激励和反向倒逼的差别化政策，优化资源要素配置水平，推动产业高质量发展。

3. 实施“四名六创”行动打响“上海制造”品牌

“上海制造”是上海“四大品牌”重要有机组成部分，全力打响“上海制造”品牌是上海更好落实和服务国家战略、加快建设现代化经济体系的重要载体，是推动制造业高质量发展的重要举措。2018 年 4 月，上海市委市政府发布了《全力打响“上海制造”品牌加快迈向全球卓越制造基地三年行动计划（2018 – 2020 年）》，向国内外传达上海坚定发展先进制造业的决心和信心。该行动计划主要提出了“四名六创”10 个专项行动，其中名品打造、名企培育、名家汇聚、名园塑造这四个行动，是最核心的“标识性动作”。而技术创新、品牌创响、质量创优、融合创智、集群创建以及绿色创先，都集中围绕“四名”来开展工作。

一是以名品为抓手，擦亮上海制造新名片。通过深入挖掘市场需求潜力，特别是聚焦健康、时尚、智能等需求，着力打造 500 项“上海制造”精品，不断放大品牌效应，让上海制造在国内外叫得响。加快核心技术攻关，抢占产业制高点。把质量标准作为第一生命力，树立上海制造的全国质量标杆地位。实施技改焕新计划，增强产业发展活力，大力推进智能化、服务化等改造提升，扩大品牌产品的新工艺、新材料、新装备应用。

二是以名企为引领，培育上海制造新主体。做强世界一流企业，构建根植本地、面向全球布局的创新、生产和服务网络，加快新一代智能制造模式应用。以龙头企业为引领，建设 20 个工业互联网平台，争取 3 家左右制造企业进入世界 500 强。做大“独角兽”企业，支持企业加强技术创新、商业模式创新，力争培育 8 到 10 家制造领域的“独角兽”企业。做优“隐形冠军”，开展“隐形冠军”同行业对标，引导企业专注于细分产品的研发制造和市场拓展，形成 200 家国内外细分市场前三的“隐形冠军”企业。

三是以名家为纽带，汇聚上海制造新资源。着力汇聚以卓越科学家引领、卓越企业家运营、精工巧匠支撑的卓越制造人才队伍。面向集成电路与计算科学、脑科学与人工智能等重点领域，坚持引进和培育并举，造就产业高峰人才，实行量身定制、一人一策。打造一批“上海工程师”“上海师傅”，重点支持面向工程化、产业化应用的高精尖人才，加强住房、落户等人才服务。弘扬企业家精神和工匠精神，实现人尽其用。

四是以名园为支撑，打造上海制造新载体。推动临港、漕河泾、张江、化工区、国际汽车城打造世界级品牌园区，优化增量、盘活存量、激活流量，建设一批绿色示范园区。加快编制全市产业地图，引导差异化精准定位；集中力量推动土地的二次开发、腾笼换鸟，加快吴泾、高桥、南大、吴淞、桃浦五个重点区域整体转型升级。全力打造汽车、电子信息两个世界级产业集群，积极培育民用航空、生物医药、高端装备、绿色化工 4 个世界级产业集群。加强长三角产业集群联动，深化智能网联汽车、工业互联网、5G 等产业链对接合作。

4. “技改焕新”计划激活企业创新活力

上海坚持调结构促转型，推动实体经济高质量发展。2018 年第二季度正式启动“上海市深入推进技术改造巩固提升实体经济能级三年行动计划”（以下简称“技改焕新”），智能制造、新能源汽车及智能网联汽车、民用航空、新一代信息技术被纳入技术改造重点支持范围。“技改焕新”计划明确提出，要瞄准新一轮产业制高点，推进制造业加速向智能化、高端化、集群化、服务化、精品化、绿色化方向延伸拓展。到 2020 年，实施 600 个示范项目，带动规模以上企业实施 5000 项技术改造项目；推进技术改造投资占比提高、增速加快、规模扩大，技改投资年均增长 10% 左右；营造营商新环境，压缩审批周期，加速项目开工建设。

新一轮“技改焕新”用更精准的政策激发企业改造动力。通过政策创新，引导带动企业由单纯设备更新改造向软硬件全流程改造提升转变，以点带面促进全市企业技术改造升级。一方面，支持企业全流程改造。2018 年发布的新版技术改造实施细则，创新性地将固定资产投资以外的软件、专利、试验、检测等软性投入纳入支持范围，支持企业以产业化、市场化应用为目标的全流程改造升级，极大激发了企业技术改造积极性。2018 年，全市共推进各领域示范项目 264 项，2019 年 1 ~ 5 月共推进示范项目 107 项，项目数量和投资额均创下近年来新高。其中，包含软性投入的技术项目占比由 2018 年的 30% 提升至 2019 年上半年的 60% 。另一方面，精准施策，大幅提高政策支持效率，将项目分为重点项目与一般项目，优先保障重大项目推进。自焕新计划启动以来，市级推进的重点项目占全部项目数量的 40% ，项目总投资占比约 80% ，专项政策的聚焦及示范效应不断显现，政策的集中度和显示度持续提升。

“技改焕新”用更宽松的环境释放企业改造活力。一是提升工业项目审批效率。推动出台《上海市进一步优化社会投资项目审批改革实施办法》，解决项目施工许可证办理周期长的难题。对工业项目取消设计方案审批、总体设计文件征询等环节，大幅减少了建设规划许可征询部门，工业项目从取得规划设计条件到获取施工许可证，审批时间压缩至 15 个工作日。二是联合市住建委、市发改委和市财政局对中小工业项目取消施工图设计文件审查，减免工程勘察、工程监理等环节的收费，降低企业投资成本。三是打通产业区块外企业技术改造通道。一段时间以来，规划产业园区外的企业技术改造项目，受规划、环评等前置政策影响难以落地。2019 年一季度以来，按照标准从高、程序从简、服务从优的要求，形成正面清单标准和负面清单标准。其中，正面清单从产业准入、企业性质、投入产出、绿色发展等方面明确标准，符合要求项目可以实施“零增地”技术改造；负面清单标准主要避免低能级改扩建，清单内项目不予技术改造，优先纳入产业结构调整范围。产业区块外优质项目的评估和服务机制形成以来，2019 年 1 ~ 5 月，首批 74 项优质项目已率先启动，在助力企业发展的同时，为稳增长提供支撑。

随着上海持续加大“技改焕新”推进力度，上海市工业企业掀起了新一轮改造热潮，技术改造内生动力被有效激发，企业技术改造步伐明显加快。2018 年全市工业企业技术改造项目超过 1800 项，技术改造投资同比增长 10%，占全市工业投资比重达到 64%，技术改造投资已成为上海市工业投资的主导部分。华力二期、大众 MEB、豪华邮轮、华域电动系统等一批重大技术改造项目相继启动，对工业和技术改造投资形成有力拉动。

5. 实施“专精特新”工程培育行业隐形冠军

引导中小企业走“专精特新”发展之路，是党中央、国务院促进中小企业高质量发展的一项重要举措。作为“专精特新”概念最早提出者和践行者，上海早在2010年就率先启动实施“专精特新”中小企业培育工程，定期开展“专精特新”企业遴选复核，举办领军人才和专业人才培训，开展质量提升、市场拓展、品牌建设等活动，培育了一大批专注细分市场、创新能力强、掌握关键核心技术的中小企业，营造了“专精特新”企业大发展的良好环境。2018年上海市专门出台支持民营经济发展的“27条”举措，从降低民营企业经营成本、营造公平的市场环境、提升民营企业核心竞争力、缓解融资难融资贵、构建亲清新型政商关系、依法保护民营企业合法权益、加强政策执行等七个方面亮实招、出硬招。

上海将继续做好“专精特新”企业培育工作。一是以“专精特新”企业为基础，不断延伸培育工作广度和深度，与制造业单项冠军、专精特新“小巨人企业”、高成长性科创企业及重点民营企业培育有机结合，形成更丰富的重点企业队伍和更完善的企业培育体系。二是探索开展梯度培育，开展市级专精特新“小巨人”企业认定，形成多层次、梯度化工作格局。针对研发机构薄弱、品牌培育滞后等问题，积极开展“院士专家工作站”建站和“工业品牌培育示范企业”创建工作，支持企业提升创新能力和品牌影响力。三是针对服务的“精准化”和“覆盖率”问题，充分发挥“上海市企业服务云”的作用，继续做好领军人才及董秘、财务总监、市场开拓等专业人才培训等品牌服务，开展信用贷款、央企对接、质量提升、市场拓展等专业化服务，实现各类中小企业服务对“专精特新”企业的“精准化”和“全覆盖”。

据统计，2018 年境内新上市企业中超过 50% 来自“专精特新”，《寻找中国制造隐形冠军》（上海卷）中超过 50% 企业选自“专精特新”，市级百强民营制造业企业中有 1/3 来自“专精特新”。可以说，“专精特新”企业已成为上海中小企业发展的标杆、最高水平的代表。

6. 绘制“产业地图”优化产业布局

为统筹优化全市产业定位和空间布局，《上海市产业地图》于 2018 年 11 月正式发布。《上海市产业地图》系统梳理了全市产业发展现状，明确了各区及重点区域的产业定位，谋划了重点行业的空间布局。对加快构建现代化新型产业体系、推动经济高质量发展、提升城市能级和核心竞争力具有重要意义。《上海市产业地图》覆盖一、二、三产业，聚焦融合性数字产业、战略性新兴产业、现代服务业和现代农业，立足空间维度、产业维度，包括产业现状图 70 张和产业未来图 31 张，共形成产业地图 101 张。其中，产业现状图全面反映产业创新资源分布，梳理标识重点企业、龙头企业以及高等院校、科研机构、功能平台、协会联盟等创新资源，为大家寻找技术、标准、人才服务和产业链合作提供指引；产业未来图前瞻规划产业发展布局，聚焦产业总体布局，16 个区，67 个重点区域，“3 + 5 + X”区域产业定位（即临港、虹桥、世博 3 大功能区域，桃浦、南大、吴淞、吴泾、高桥 5 大转型区域等），以及 27 个重点行业空间布局。

这份产业地图的出炉，是上海多轮摸底 16 个区发展现状的成果，力争将各区的现有优势不断放大。通过发挥产业地图的指南作用，能有效服务各类投资者，推动重大项目与产业地图精准匹配、快速落地，引导社会资本向重点区域集聚，加快构建集产业链、创新链等于一体的产业要素体系。各区加强产业地图宣传推广，着力推动产业地图落地。坚持区里抓产业准入、市里抓统筹布局，加快构建以产业地图为引领，集规划定位、招商引资、项目落地、精准服务、政策支持于一体的产业全流程推进体系。推动区域有序发展、错位竞争，打造上海产业地标，避免定位不清晰、同质化竞争突出等问题。

特斯拉、ABB、腾讯、小米、网易、科大讯飞、阿里巴巴、宝武、商飞等龙头企业、重点项目，已经在按照这张产业地图的规划导向，引导其在产业定位相匹配的区域快速落地，率先把产业地图用好、用活。聚焦人工智能的上海徐汇，腾讯、微软、商汤、小米等公司相继落地；聚焦大数据等产业的杨浦，英语流利说、造就 Talk、爱驰汽车等双创企业崭露头角；聚焦现代物流等平台经济的青浦，中通、申通等总部"扎堆"。这一产业地图并非一成不变，是刚柔并济的，主要解决投资上海信息不对称的问题。根据落地后的跟踪和调研，产业地图将不断被修正。

7. 优化营商环境支撑企业发展

上海市以"营商环境优化"改革为牵引，撬动投资审批、市场准入等制度创新，持续优化项目和企业服务。用服务企业的"硬功夫"切实提升营商环境的"软实力"。在开办企业方面，线上建立了以"企业开办一窗通"平台为核心的全流程办事系统，线下推出企业开办服务专窗，实现营业执照、公章、发票等一窗同时发放。在跨境贸易方面，建立了具备"通关 + 物流"功能的国际贸易"单一窗口"。在财产登记方面，建立了"全网通"办事系统，实施"只找一个窗口、最多跑一次"改革。在获得电力方面，建立了以电网公司为主体的一站式服务新模式。在纳税方面，贯彻落实减税降费措施，实施"便民办税春风行动"，研究扩大增值税留抵退税政策。在获得信贷、中小投资者保护、执行合同、办理破产等涉法领域，上海市作出巨大努力，向国家提出了 33 项修法修规建议，积极争取国家支持在上海先行试点，大力开展地方特色改革，提升行政和司法效率。通过瞄准便利度、法治化、国际化等目标，上海营商环境水平已进入国际先进行列，营商环境整体面貌得到系统性提升。

上海还着力加强针对企业的不同需求提供精准服务，按照“有求必应，无事不扰”的要求，主动服务、靠前服务、积极作为，全面加强政府服务能力建设，切实当好服务企业的“店小二”，把优化提升服务体验贯穿于改革始终。一是打响上海“窗口服务”品牌，把政府服务窗口作为上海服务品牌的集中展示，制定体现新时代高质量发展要求的窗口工作规范和服务标准，打造高效便利的窗口服务体系。二是推动涉企优惠政策一窗通办。汇总面向各类市场主体的优惠政策，实现招商引资优惠政策相关事项“一口受理、一窗通办”，提高企业对惠企政策的知晓度、感受度。三是加大对中小企业的支持力度。全面落实市委、市政府印发的《关于全面提升民营经济活力大力促进民营经济健康发展的若干意见》。四是着力加强知识产权保护。加强知识产权执法力量，加大知识产权执法力度，显著提高商标、版权、专利等知识产权侵权行为违法成本。五是降低企业运营成本。全面贯彻国家各项减税降费政策，落实企业研发费用加计扣除等措施。对地方权限内的有关税费政策，在国家规定的幅度内降到法定税率最低水平，进一步清理规范涉企行政事业性收费。六是建立更加完善的市场主体退出机制。建设注销企业网上服务平台，实现市场监管、税务、商务、海关等部门数据信息的互通共享、同步推送、并联办理、销项管理。

8. 扩大开放吸引国际制造业龙头

在构建开放型经济新体制的探索中，上海正以开放作为发展新优势，继续走在最前沿，以开放促进制造业高质量发展。2018 年 7 月出台的“上海扩大开放100条”行动方案中就有17条措施涉及构筑更加开放的现代服务业和先进制造业体系，其主要集中于三个方面：一是体现上海开放先发优势的领域。比如，“争取外资新能源汽车项目落地”“按照国家部署加快取消汽车行业外资股比限制以及整车厂合资数量等的限制”。二是体现上海服务业多层次开放优势的领域。行动方案提出了投资性公司、培训机构、增值电信、工程设计、法律服务、人才中介、国际运输等领域的开放举措。三是体现国际产业发展新趋势的领域。重点探索国内需要的重点技术领域维修和再制造，以及保税维修监管新模式等。

上海扩大制造业对外开放的政策主要包括：一是加快实施汽车、飞机、船舶产业对外开放。以嘉定、临港等汽车产业集聚区为依托，吸引世界知名外资汽车企业建设研发中心及高端整车项目，支持高性能电机、电池、电控等核心部件配套项目落地，争取外资新能源汽车项目落地，加快取消汽车制造行业外资股比及整车厂合资数量等限制。支持航空产业对外合作开放，取消飞机行业外资限制，包括干线飞机、支线飞机、通用飞机、直升机、无人机、浮空器等，吸引航空发动机总装、机载系统和关键零部件外资项目落地，支持外资来沪发展飞机整机维修和部附件维修业务，加强人才、技术、管理合作交流。支持外资发展豪华邮轮等高端船舶制造、船舶设计研发等产业链高端环节，取消船舶设计、制造、修理等环节外资限制，支持外资高端船舶装备、关键零部件项目落地。二是创新发展高端绿色进口再制造和全球维修业务。积极争取建设国家进口高端装备再制造产业示范园区，完善管理模式，提升参与国际循环经济发展的能级。扩大企业自产设备维修、再制造服务，加快建立出口产品售后服务体系。在海关特殊监管区域内开展保税维修业务的基础上，进一步支持有条件的海关特殊监管区外企业开展高附加值、高技术含量、无污染产品的保税维修业务，实施以企业集团为单元的保税维修监管新模式。

目前，特斯拉项目已在临港落地，汽车、飞机、船舶等相关企业正在和欧美的一些研发中心、高端制造配套企业进行洽谈。国际上一些龙头企业和关键配套厂商到上海设厂，将从整体上大大提升行业的技术水平、核心配套件制造能力和整体制造能力。

三、上海市制造业高质量发展的部分案例分析

1. 率先布局智能网联汽车产业

智能网联汽车产业是汽车制造、电子、信息、交通、定位导航、网络通信、互联网应用等诸多行业领域深度融合的新型产业，是全球创新热点和未来发展的制高点。作为全国汽车产业链最完整、生产规模最大的城市，上海抓紧机遇，加快推动智能网联汽车技术研发及应用，指导智能网联汽车开展道路测试工作，推动智能网联汽车产业高质量发展，全力打造世界级汽车产业中心。

上海市实施系列举措推动智能网联汽车产业发展。一是率先出台并实施智能网联汽车重要政策。2017 年，上海先后制定出台了《上海市智能网联汽车产业创新工程实施方案》和《上海市智能网联汽车道路测试管理办法（试行）》。二是率先在智能网联汽车领域布局，聚焦研发设计、电子通信、语音识别、智能制造等产业链重要环节，集聚大量具有国际视野的高端人才，形成从研究、研发到原产的完整体系，成为当之无愧的创新策源。三是率先推动自动驾驶关键零部件攻关突破，瞄准毫米波雷达、激光雷达、中央域控制器、智能操作系统等关键零部件加快科技攻关和产业化，自主品牌荣威 MARVEL X 成为全国

第一款量产的智能网联汽车。四是率先开展智能网联汽车的制度供给创新，发放全国第一张路测牌照，建设嘉定国际性智能网联汽车服务平台、临港国家级封闭场地测试基地，以及开放一批特定应用示范场景，形成乘用车和商用车自动驾驶测试示范基地联动发展格局。

多项最新成果和数据都显示，上海在智能网联汽车领域继续领跑全国。上海成为国内首个为企业颁发智能网联汽车示范应用牌照的城市。上汽、宝马、滴滴 3 家企业获颁首批上海市智能网联汽车示范应用牌照。2019 年第三阶段智能网联汽车开放测试道路公布。在大幅延长里程的基础上，更加注重测试应用场景的丰富性与多样化，测试场景由 350 个增加到 1580 个，将智能网联汽车的活动范围伸展至工业区、商业区、交通枢纽、住宅区等。颁发首批长三角测试牌照，进一步推动了三省一市智能网联汽车道路测试工作的互联、互通、互认、互信，避免重复测试导致资源浪费，大大缩减产品开发的时间。嘉定联合上汽集团、华为、中国移动等行业翘楚共同启动“5G 汽车通信技术联盟”全球首个 5G 智慧交通示范项目，探索成功可复制的商业模式，引领全球 5G 通信技术在汽车领域的深度应用。

2. 启动建设人工智能创新应用先导区

为加快推进人工智能产业发展的应用赋能，进一步改革创新，促进人工智能人才、技术和资本等要素集聚，培育人工智能行业规范和制度标准，形成人工智能国际话语权，上海拟以浦东新区为主体，建设全国首个人工智能创新应用先导区，为全国推动人工智能和实体经济融合发展提供示范方案。

打造人工智能创新应用先导区包含产业发展、应用推广以及创新支撑体系建设等多方面举措。一是打造人工智能核心产业集群。充分发挥浦东产业优势，积极培育以智能芯片、智能网联汽车、智能机器人、智能硬件为重点的人工智能新兴产业，着力提高产业核心基础能力，加快提升人工智能产业集聚度和产业发展能级，形成具有国际竞争力的人工智能核心产业集群。二是全面推动人工智能创新应用。依托应用场景丰富、人工智能全产业链集聚的优势，结合主导产业特色，积极开展“AI + 医疗”、“AI + 制造”、“AI + 金融”、无人驾驶四大领域人工智能创新应用与示范项目建设，将工业和信息化部和上海市揭榜产生的一批技术先进、性能优秀、应用效果好的人工智能产品、平台和服务在先导区先行先试，为人工智能创新发展作示范应用和推广。三是强化人工智能创新支撑体系。不断完善人工智能公共服务平台，包括建设人工智能产业评估中心、人工智能产业测评技术服务平台、人工智能算力平台、人工智能知识产权公共服务平台等，通过创新公共服务，降低人工智能创新的周期与成本，加速人工智能资源的汇聚、行业协同和创新、产业生态的打造与升级。

以人工智能创新应用先导区建设作为新的起点，上海已经在医疗、制造、无人驾驶、金融四大领域开展人工智能 + 创新应用与标杆项目建设。依托世博、张江、金桥、临港、陆家嘴等区域人工智能企业集聚优势，着手打造多个人工智能特色应用示范区。发挥张江综合性国家科学中心的创新辐射能力和大科学设施的支撑作用，推动上海科技大学、中科院上海高等研究院等加强人工智能基础攻关。努力将浦东新区建成具有国际竞争力的人工智能核心产业集聚区、全国人工智能创新技术和产品应用示范区，以及人工智能行业标准和制度规范先行先试区，形成辐射长三角乃至全国的“智能 + ”应用新高地。

3. 5G 助力宝武建设“黑灯工厂”

钢铁工业是大型复杂流程工业，并且处于制造业整个链条的中间环节，具有大量的数据、丰富的场景和广泛的连接，是智能制造绝佳应用场景。宝钢股份冷轧厂C008热镀锌智能车间作为工信部钢铁企业智能制造示范试点和工业互联网应用试点项目，通过应用信息化技术，实现了行车无人化、库区管理和钢卷驳运等物流作业无人化；机组入口拆捆、锌锅捞渣、出口取样、打捆和贴标等作业全部应用机器人技术，被称为“黑灯工厂”。

宝武集团充分利用新一代信息技术建设“黑灯工厂”。一是构建智能制造推进组织体系。中国宝武自2015年开始就以宝钢股份为试点开展钢铁智能制造的探索，还专门成立了智能制造推进组织体系，希望通过智慧制造提高生产效率、减少安全事故、满足个性化需求。二是与信息技术企业联合开发。“黑灯工厂”里的无人驾驶框架车是由宝钢股份、宝信软件和大连重工共同研制，每年的运输量约为300万吨。三是数据实时监控。在产成品智能物流管控中心，无人驾驶重载框架车的运行情况，被一块巨大的屏幕实时监控着，包括速度、车头转角、刹车量、油门量、载重等在内的数据在屏幕上一目了然。四是运用5G技术。这些数据的传输已经使用了5G技术，以保证画面的更快更准确传输。在智能制造领域，由于5G技术高带宽、低延时、高可靠的技术特点，在物联网、工业自动化控制、物流追踪、工业AR、云化机器人等工业应用领域，将5G技术与钢铁制造深入融合空间巨大。

宝钢股份冷轧厂C008热镀锌智能车间实施各环节无人化运作后，吨钢能耗下降15%，综合污染物吨钢下降30%，劳动效率提升30%，产能提升20%，加工成本下降10%。

4. 上海家化传统名品焕发新活力

上海家化联合股份有限公司（以下简称“上海家化”）是中国历史最悠久的日化企业之一，其前身是成立于1898年的香港广生行，经过百年发展，公司发展成为年销售额逾70亿元的大型日化集团。产品覆盖美容护肤、个人护理、家居护理三大品类，拥有“佰草集”“六神”“美加净”“高夫”“启初”等诸多中国著名品牌。公司以差异化的品牌定位覆盖不同年龄和消费层次的消费需求，采用线上和线下相结合的销售模式，借助持续不断的产品创新，成为国内拥有一定影响力的本土品牌公司。

上海家化在“创新领先、增长领先、品质领先”发展战略的指引下，重点加强和发挥品牌、生产、研发和渠道的资源优势。一是在品牌传播方面，联合行业内外优质资源，针对各品牌特性及目标消费群体进行整合营销传播。为顺应高端化、年轻化、细分化的趋势，2018年，家化以新零售时代的消费者需求为导向，不断优化多品牌矩阵：佰草集、汤美星、雙妹顺应高端化趋势，美加净、六神持续年轻化，高夫、启初、玉泽、家安满足细分化需求。二是在渠道建设方面，整合了现有八大渠道，集中资源，协同发展，线上线下全融合，高效触达不同消费场景的消费人群，并有效实施了渠道管理，保障各渠道健康有序发展。三是在产品研发方面，大力投入，大胆创新，在开发常规产品的同时，积极响应市场，发布了一系列符合年轻化定位的新产品，收获了年轻消费者的好评。四是在供应链管理方面，继续优化供应链管理效率，提升营运指标，并为新工厂投产做准备。集多项高科技设备及新科创成果于一体的青浦跨越工厂2018年初建成并投运。在这里，先进的MES系统、SAP系统以及国际先进的自动化生产线和现代化的物流仓储设施被引进采用，实现了运营管理的数字化、精准化、信息化、自动化，全面提升了生产能力、供应保障能力及智能制造水平。

上海家化2018年年度财务报告显示，上海家化实现营业收入

71.37 亿元，同比增长 10%；实现净利润 5.4 亿元，同比增长 38.6%；实现扣非净利润 4.57 亿元，同比增长 37.8%；实现经营性现金流 8.95 亿元，远超净利润水平。营收和净利的双位数增长，对于当前竞争激烈的日化行业而言实属不易。这是上海家化重新调整战略定位后，战略规划有序推进、品牌发展和渠道拓展成效凸显的表现。

四、推动上海制造业进一步高质量发展的对策举措

1. 发挥开放优势向全球价值链高端迈进

上海要抓住全球价值链重塑机遇、实现产业升级和技术进步，着力扩大科技开放合作，广泛吸纳国际创新资源，加快培育一批全球性企业，打造一批全球性品牌，围绕国家创新战略部署一批前沿性、探索性技术研发，切实推动上海从原有的利用本土低端生产要素向利用全球高端生产要素转变，使上海成为全球科技创新资源的整合者与引领者，不断向全球价值链高端迈进。一是充分发挥开放这个最大优势，将制造业发展与科技创新中心、“一带一路”建设有机结合起来，与沿线国家共同提升产业创新发展的能力，共筑利益共享的全球价值链，提升上海在全球价值链中的地位。二是加快跨国公司、外资研发中心在上海集聚，带动大量技术涌入和研发服务的输出。逐步提升上海在全球研发体系中的地位与能级，面向亚太地区乃至全球开展技术创新和产品开发。三是上海企业加快“走出去”，以优势技术、先进产能的转移与合作融入全球创新体系。聘请当地行业精英，打造国际化研发团队，与全球创新要素形成深度融合。四是上海加快国际创新交流合作平台建设，逐步形成辐射全球的技术交易网络。通过整合和强化交流研讨、信息交换、金融服务、知识产权保护等科技服务功能，

深化与国际著名技术转移机构、高等院校合作，为全球企业建立世界范围的技术交易网络。

2. 集中力量突破制造业"卡脖子"技术

上海要充分利用产业基础雄厚、科研资源丰富、高层次人才集中等优势，着力突破关键领域"卡脖子"技术，推动重点产业持续稳步发展。一是聚焦关键产业突破发展。针对集成电路、生物医药、人工智能等关键领域，持续出台集成电路、生物医药产业的创新发展方案和三年行动计划，出台人工智能高质量发展实施办法。稳步推进中芯国际、华力二期、和辉光电、积塔等重点项目建设。实施工业强基等专项行动，夯实"上海制造"创新基础。二是做好创新链前瞻布局，为重大科技创新成果涌现和转化夯实基础。有力推进市级科技重大专项，涵盖信息技术、生命科学和光子科学等上海基础科学优势领域。不断完善研发与转化功能型平台建设，推动功能型平台与各区产业衔接。

3. 全力打造发展智能制造创新生态

上海要把握新一代信息技术与实体经济深度融合的战略性机遇，全力打造智能制造创新生态，推动制造业高质量发展。一是推动智能装备的研发、生产和应用。加大高端智能装备首台（套）等专项政策实施力度，鼓励装备制造商通过技术突破，研制智能制造装备；加快实施工业强基工程，重点突破智能制造关键零部件瓶颈；大力推进工业互联网创新专项，支持智能制造功能型云平台建设，不断完善研发、生产、管理、服务等生态环境，全面推动智能制造产业链升级。二是基于上海丰富的高校和科研院所智力资源，厚植人才优势。比如建立人才培养长效机制，支持龙头企业与高校及科研院所合作建立人才实训基地；实施高端人才战略，在智能制造领域引进一批掌握核心技术、拥有发明成果的高端人才。三是推进人工智能、工业互联网、5G 等在制造实践中的应用，实现新一代信息技术与先进制造技术深度融合，实现真正意义上的“智能制造”，将上海打造成为全国智能制造应用新高地、核心技术策源地和系统解决方案输出地，推动长三角智能制造协同发展。

4. 加快形成工业互联网发展高地

上海加快推进工业互联网产业创新发展，形成长三角工业互联网发展高地。一是通过实施上海工业互联网“533”创新工程，全力争创国家级工业互联网创新示范城市。即构建“网络、平台、安全、生态、合作”五大体系，落实“功能体系建设、集成创新应用、产业生态培育”三大行动，实现“全面促进企业降本提质增效、推动传统产业转型升级、助力国家在工业互联网发展中的主导力和话语权”三大目标，全面带动长三角世界级先进制造业集群发展。二是建成一系列新一代信息基础设施、工业互联网平台和创新协同体系。加速建成低时延、高可靠、广覆盖的工业互联网网络基础设施体系。建立多层次、系统化的工业互联网平台体系。建立工业互联网协同创新与产业应用生态体系。三是建设全方位、立体化的工业互联网开放合作体系。以更加开放的胸怀持续推进工业互联网区域、部市和国际合作交流，率先建立长三角工业互联网平台，组建长三角工业互联网产业联盟，扩大工业互联网重大国家节点项目、产业基金对长三角的辐射带动效应。

5. 着力建设长三角世界级产业集群

以上海为龙头，从多方面着手，推动长三角世界级产业集群的建立。一是加强产业链协同共建，共筑优势产业集群承载地。聚焦优势产业领域，依托龙头企业深化产业链区域布局，推进航空航天、智能制造、电子信息、生物医药、高端装备、新能源汽车和智能网联汽车等重点领域产业集群专项行动。二是加强产业协同创新，共育新兴产业发展策源地。瞄准前沿尖端技术、关键核心技术和带动辐射面广的“源创新”，共建内聚外合的开放型产业创新网络。加强跨区域产学研合作，共建一批具有国际一流水平的创新实验室、产业创新中心、研发与转化型功能平台，联合攻关重点领域“卡脖子”技术。三是加强产业园区协同布局，共建区域产业合作示范地。充分发挥产业园区、飞地经济等对于促进长三角地区经济往来、产业优势互补的重要载体作用。建设G60科创走廊，共建覆盖三省一市的G60科创走廊“升级版”，在区域产业布局、园区开发、要素供给、机制对接等方面拓展合作新空间。四是加强合作平台搭建，共促区域产业一体化进程。共建一批长三角产业合作联盟，推进人工智能、智能制造、机器人、智能网联汽车、工业互联网等跨区域、跨领域协同创新；共推一批有影响力的国际性活动，举办全球人工智能大会、世界互联网大会、物联网博览会、制造业大会等，不断提升区域合作能级和世界影响力。

执笔人：上海市人民政府发展研究中心

周国平　钱　智　黄佳金　宋　琰

案例二

绍兴市推动制造业高质量发展的探索与实践

近年来，绍兴市坚持新发展理念，以供给侧结构性改革为主线，以创新发展为主题，以六大举措全面推进制造业迈向高质量发展。目前，绍兴拥有市场主体60余万家、规上工业企业4500多家、上市公司75家，2018年实现工业总产值近1万亿元，地区生产总值5417亿元，人均生产总值超过1.6万美元。

一、绍兴市推动制造业高质量发展的主要举措

（一）平台化集聚行动

1. 引导产业集聚发展

坚持“绿色高端、世界领先”目标，以集中、集聚、集约推动纺织、化工传统块状产业实现集群发展。从2016年开始，绍兴率先推动柯桥区纺织印染产业、上虞区精细化工产业实现区内集聚提升。三年时间，全市累计整合、重组、退出纺织印染企业151家、化工企业159家。通过产业集聚发展，实现了集中清洁能源供应和集中污水、固废处理，有效解决排放污染的问题；实现了企业设备更新和产能优

化，有效解决产业提升的问题；实现了产业链协作和配套设施共用，有效解决企业降低成本的问题；实现了园区专业化统一安全管理，有效解决安全生产经营管理问题。

2. 推动产业跨区发展

2018 年底，结合省级传统产业改造提升综合试点工作，在前期纺织印染、化工集聚提升取得较大成果的基础上，绍兴在全省乃至全国先行先试，打破行政区划藩篱，推进越城区印染、化工产业分别有序向柯桥区和上虞区集聚提升。完成改造提升后将有力推动印染化工产业向集约化、规模化、高端化、绿色化转型，优化提升绍兴城市核心区块产业布局、空间结构、环境品质、城市能级，形成“跨区域”集聚“绍兴样板”。

3. 提升产业集聚能级

以产业集聚区为依托，加快产城融合步伐，打造生产、生活、生态相融合的产业生活园区，营造更优发展环境。柯桥区以纺织印染集聚区为主要载体，全力创建“蓝印时尚小镇”。上虞区以杭州湾经开区为主体，打造“未来小镇”，作为上虞打造“万亩千亿”产业大平台的重要支撑。小镇以工业 CBD 和未来社区为理念，以化工产业为核心，集聚建设一批创新创业中心、技术研发中心、数字发展中心等，实现现代产业与城市功能融合发展。通过提升产业集聚区功能能级，进一步完善集群生态功能，争创纺织、化工世界级先进制造业集群。

（二）数字化引领行动

1. 推进数字产业化

聚焦数字经济“一号工程”，成立绍兴市数字经济发展专家咨询委员会，举办 2019 中国（绍兴）工业互联网创新发展论坛、绍兴·

杭州周“数领绍兴、拥抱蓝海”数字经济专题活动，形成工作合力。打造大湾区“芯”高地，把集成电路产业作为发展数字经济核心产业的突破口，聚焦集成电路设计—制造—封装—测试—设备及应用的全产业链，强化建链补链，加快推进集成电路小镇建设，为争创国家级集成电路产业园示范区夯实基础。布局抢滩未来前沿产业，搭建开放式云计算产业生态体系。

2. 推进产业数字化

乘势发展工业互联网，充分发挥云平台的示范引领作用，深入实施“企业上云”行动计划，大力发展一批行业级和企业级工业互联网平台，着力构建“一区域一平台、一行业一朵云”的工业互联网平台发展体系。抢抓5G发展先机，利用三年时间，按照“一体规划、分步实施、全面覆盖”思路推进规划建设，规划实施镜湖新区5G商用试验网和滨海新城5G工业应用网，及时以点扩面，争创全国领先的5G应用样板。启动工业APP培育计划，力争全年开发集成工业APP 1000款以上，连接工业设备百万台，致力打造工业APP应用之都。统筹规划数据中心建设，引导数据中心向规模化、集约化、智能化、绿色化方向布局发展；提升服务业数字化应用，加快具有绍兴特色的文化科技等产业的融合发展，培育壮大智慧物流、现代商贸、金融科技等服务业态。

3. 推进重点传统产业智能化改造

按照“分行业改造、梯度式推进、全市域推广”要求，加快推进传统产业智能化改造三年行动方案。

（三）品质化提升行动

1. 打造行业标杆

持续深入推进传统产业改造提升省级试点，实现各区、县（市）

省级分行业试点“全覆盖”；积极对标国际国内先进水平，在服装、照明、袜业、领带、厨具等消费品行业推广个性化定制和柔性化生产；举办世界布商大会、中国（绍兴）铜产业发展论坛、中国新材料产业创新发展论坛、中国黄酒节暨黄酒产业博览会等重大节会活动，力争分行业改造提升形成示范效应。

2. 推进质量提升

深化传统制造业对标达标提标，推动企业制定传统产业“浙江制造”标准20项以上，鼓励有条件的企业积极参与“品字标”品牌认证；推动由“制定好标准”向“应用好标准”跨越，抓好浙江省循环经济标准化试点、纺织或服装产业改造提升标准化试点工作；建成国家有色金属加工产品质量监督检验中心、国家风机产品质量监督检验中心，并投入运行；开展电动汽车充电桩、纺织化学品生态检测等省级质量技术基础建设项目的研究和成果运用。

3. 培育优质企业

深化“上市公司引领产业发展示范区”建设，支持企业积极备战科创板，推动企业实施规范的股份制改造，建立现代企业制度，促股改、强培育、推上市。

（四）创新化发展行动

1. 加快创新平台体系建设

围绕建设国家创新型城市，高水平建设“科创大走廊”，提升发展绍兴高新区，探索“一区多园”模式。实施产业创新服务综合体建设行动计划，全年全力创建2家省级产业创新服务综合体。

2. 推进产业创新体系建设

推进科技型企业“双倍增”计划。加强与大院名校、国家级研发机构合作，引进共建一批高质量产业创新研究院、技术转移中心，推进市外研发“飞地”建设。

3. 推动工业设计创新发展

把创意智慧融入全产业链各环节，大力推进“设计+”，重点推进柯桥纺织创意基地、袍江洋泾湖工业设计基地等集聚区建设，推动组建首批工业设计研究院，举办第六届工业设计大赛，加快集聚一批优秀设计机构和创意人才，推动产业设计化、设计产业化。

（五）优质化服务行动

1. 强化有效投资支撑

开展精准招商，做好“建链、补链、强链、扩链”文章，力争引进落户一批能够引领绍兴未来发展的重大优质项目；部署开展“工业项目大提速”行动，按照“目标项目抓落地、落地项目抓开工、开工项目抓进度”要求，组织动员广大干部走进项目、走进工地、走进一线，对标目标进度，挂图作战，倒排工期，破解问题瓶颈，打通绿色通道，确保项目按时顺利推进；积极争取上级项目资金补助，主动对接争取国家和省市级基金平台和金融机构支持，缓解资金压力，提振发展信心。

2. 加强人才要素支撑

聚焦人才强市建设，完善人才服务制度，发挥人才基金、人才服务银行作用，加快建设重点人才平台。深入实施“海内外英才计划”、优秀高校毕业生集聚工程。

3. 强化金融要素支撑

优先解决民企融资难、融资贵问题，积极保障企业滚续融资，推动信贷资源向小微企业倾斜；配合浙江省担保集团落实债券发行增信的反担保措施，支持优质民营企业债券融资；实施民企债券和股权融资支持计划，鼓励并购重组资产整合；调整优化金融支持经济发展考核办法，鼓励银行机构加大对民营企业信贷支持。

4. 优化企业服务保障

以“三服务”活动为统领，致力打造覆盖全市域、全要素、全流程的企业服务生态网，做好服务领跑员、当好企业“娘家人”。开展小微企业“一券双百”服务提升活动，扩大推广小微企业服务券，执行阶段性降低职工医疗保险费率、工伤保险缴费比例、失业保险单位缴费比例政策。推广政府和社会资本合作模式，支持民企参与公共领域项目。组织召开重点行业、重点企业家座谈会，举办企业家峰会、中小微企业创业创新大赛等活动，办好“越商大学堂”，努力提升企业家素质，大力弘扬企业家精神。致力构建亲清新型政商关系，深化企业大走访活动，推进企业法律顾问倍增计划，努力为企业排忧解难、雪中送炭。加快企业投资项目审批制度改革，扎实推进工程建设项目审批制度改革试点，推进企业投资项目代办专业化，创建线上“一口受理”、线下“一窗代办”，做好迭代升级投资项目在线审批监管平台3.0版。

（六）倒逼推动转型

1. 亩均奖惩倒逼

纵深推进纺织和化工行业“亩均论英雄”改革。依托“亩均论英雄”大数据系统，深入开展分产业（行业）、分区域、分指标、多层次、多维度的评价数据深度分析，每年定期发布市县两级年度评价分析报告，为全面掌握基本情况、分析研判经济走势、合理制定差异化政策、开展企业精准服务等提供重要参考和数据支撑。积极探索“亩均效益”综合评价结果应用和资源要素市场化配置，加快转方式、优结构、增动能。出台《关于深化“亩均论英雄”改革差别化配置要素资源的指导意见》，扶优劣汰，坚持激励与惩治并重，致力构建年度用地、用能、排放等资源要素分配与“亩均效益”挂钩的激励约束机制。

2. 标准引领倒逼

绍兴坚持“集聚不是平移、提质才是目标”的工作标准和要求，强化纺织、化工产业对标提质集聚，将搬迁集聚与智能制造、数字化园区建设紧密结合，推动形成以智造升级为标志的对标国际、引领国内的现代产业高质量发展体系，全力打造印染、化工产业改造提升2.0版。纺织印染方面，围绕“绿色高端、世界领先”目标，从落后产能淘汰、先进工艺技术设备、绿色标杆示范、环保规范提升4方面对标引领，分类推进市区印染行业集聚提升，全力打造“时尚纺织之都”，推动印染行业高新化、智能化、绿色化发展。化工方面，着力构建“绿色安全、循环高效”的现代化工产业体系，从安全生产管理、环保治理、节能降耗、设备设施监管、应急管理和淘汰出清6方面对标引领，积极承接化工企业整合集聚，全力推动化工产业“一园式”集聚提升，积极创建国际知名的绿色化工生产基地、世界染料产业联盟中心。

3. 落后产能整治倒逼

深入实施供给侧结构性改革去产能行动，以淘汰低端落后产能为抓手，倒逼纺织化工企业不断转型升级。开展“低散乱”企业专项整治，对不符合安全生产条件的“低散乱”企业，实行“一罚两停三关闭”措施，彻底杜绝隐患；开展亩均万元以下低效企业改造提升工作。首创府院联动服务企业联席会议制度，有序推进纺织化工行业“僵尸企业”分类出清。

二、绍兴市推动制造业高质量发展的组织保障

（一）加强精准施策

统筹产业、科技、财政、土地、能源、环保、信贷等政策，形成支持合力。全面启动规下工业企业、开发区（园区）、小微企业园亩均评价，推动亩均“上楼”“入园”“进店”，加大资源要素差别化配置和叠加运用，强化“正向激励＋反向倒逼”，以“产业争先、产出攀高”为导向，深入实施“亩均效益”领跑者计划，树立行业标杆，引导企业对标先进、补齐短板，加快实现“亩均倍增”。落实关于促进民营经济高质量发展的若干意见42条和落实清费减负和税收减免政策，完善传统制造业改造提升督查激励措施配套政策，加大力度帮助企业破解改造提升中遇到的困难和问题。

（二）强化工作合力

牵头协调，完善重点传统产业统计监测制度，完善传统产业改造提升进展情况定期报告制度，按季汇总通报各地各部门重点工作清单、目标任务完成情况，认真组织做好制造业改造提升综合评估，加强评估结果应用。按照“工作项目化、项目目标化、目标考核化、考核绩效化”要求，扎实推进工作落实。

（三）造浓工作氛围

完善工作交流制度，通过组织召开现场会、交流会、研讨会以及

培训观摩、新闻报道等多种形式，开展多维度、全方位宣传。建立常态化企业走访服务和问题协调机制，切实帮助企业解决发展中遇到的困难、问题。

执笔人：绍兴市政府办　程绪平　吕　彭
陈　超　朱　鸣

案例三

东莞市推动制造业高质量发展的探索与实践*

促进制造业高质量发展是当前我国经济发展的重要方向。东莞市作为全国和广东省的重要制造业大市，作为粤港澳大湾区的重要节点城市，在推动制造业高质量发展中具有重要的责任和示范意义。东莞市工业规模大、发展速度快、产业结构优、生产效率高，创新能力强，形成了涉及6万多种产品的完整制造业体系和“一镇一品”的产业发展特色，形成了以手机为代表的电子信息业等“五大支柱”产业和“四大特色”产业，具备高质量发展的良好基础与优势条件。近年来东莞以强链补链扩规模为核心，集中打造世界级电子信息产业集群，着力升级培育传统产业集群，推进制造业高质量发展取得了显著的成效。

一、东莞市制造业具备高质量发展的基础与优势

（一）总体发展水平较高

工业规模大。2018 年，东莞市地区生产总值达 8278 亿元，在全

---

* 说明：本文部分内容，如若干举措，系作者根据调研中获得的东莞市相关材料整理的结果，感谢东莞市相关部门的大力支持。

国282个地级市（含副省级城市，下同）中列第17位，当年工业总产值达19497亿元，在全国地级市中列第4位，仅低于深圳、苏州和佛山。特别是2015年后，东莞市工业总产值在全国地级市中的位置快速提升，4年时间里从第15位提高到第4位，工业发展取得了突出的成就。

发展速度快。2012年以来，我国经济面临“三期叠加”的下行压力，多地经济增速有所放缓。但东莞制造业实现了快速转型，发展增速显著高于全国平均水平和其他主要城市。2012～2018年，我国规模以上工业营业收入年均增长2.0%，深圳、苏州、佛山、广州和宁波的工业总产值年均增速分别为8.4%、2.4%、6.7%、3.5%和5.8%，而东莞为12.7%，显著高于其他各市。

产业结构优。东莞的高技术产业比重显著高于全国。2018年，东莞的“计算机、通信和其他电子设备制造业”营业收入达9515亿元，占工业的50.8%，而全国这一比重仅为11.6%。与广东省其他地市相比较，2018年，东莞市先进制造业增加值达2043.77亿元，占规模以上工业比重的52.3%。先进制造业的规模在广东省内21个城市中（2个副省级和19个地级市），仅小于广州、深圳和佛山，列广东省内第4位。2018年东莞市工业利润总额达611.97亿元，在广东省内列第4位。

生产效率高。制造业部门单位固定资产所产生的价值是反映生产效率的最重要指标。2018年，东莞市制造业每单位固定资产产生主营收入为1.40元，而全国平均水平为1.07元。分行业看，东莞市多数制造业行业的生产效率都高于全国平均水平（见图1）。例如，东莞市“计算机、通信和其他电子设备制造业”每单位固定资产获得的营业收入为1.76元，而全国平均水平仅为1.06元，东莞市比全国平均水平高了65.8%。

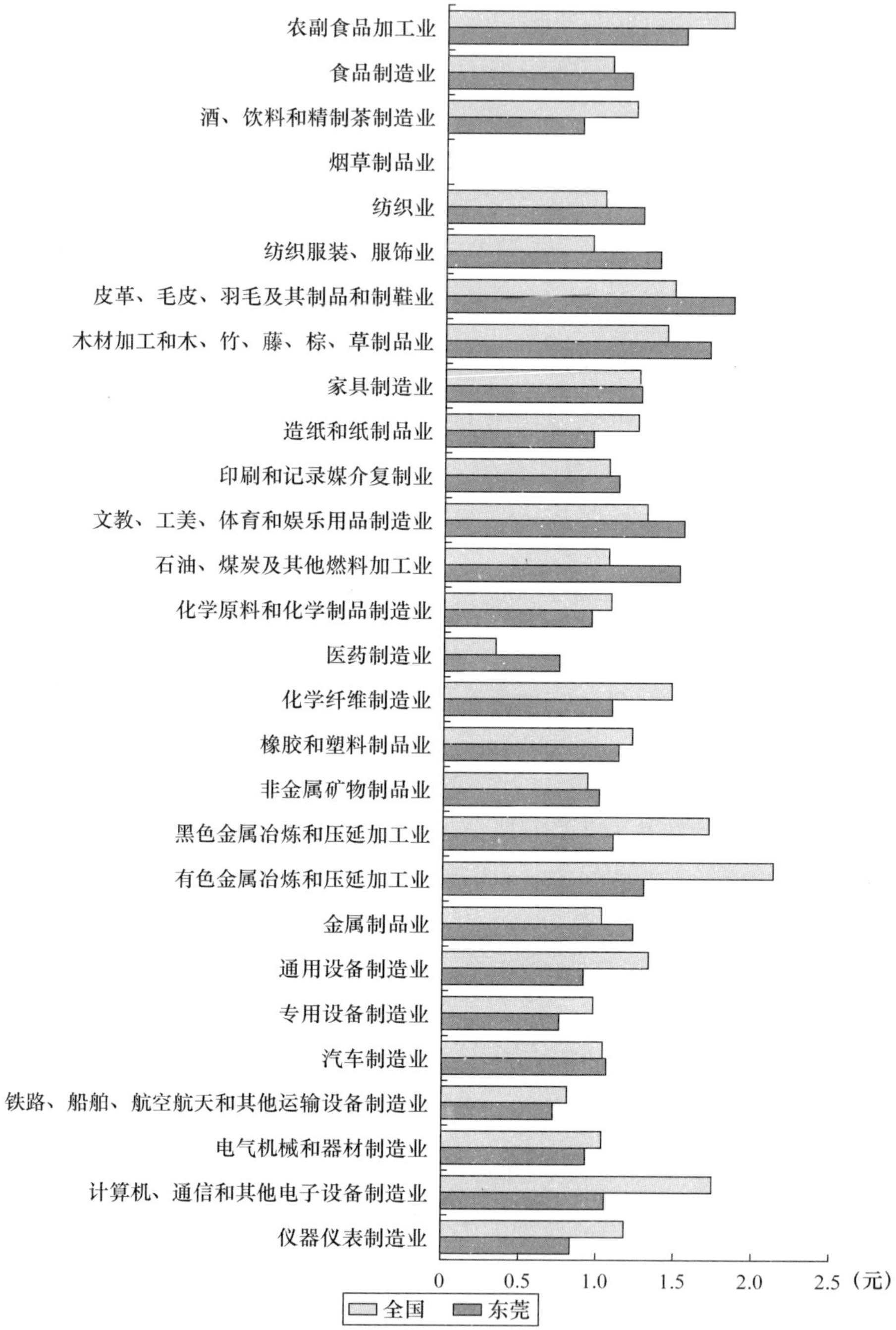

图 1　2018 年东莞市和全国制造业单位固定资产所产生营业收入比较

资料来源：《东莞统计年鉴 2019》和《中国统计年鉴 2019》。

（二）形成了不少重要的产业集群

东莞市经过40多年的发展，形成了涉及6万多种产品的完整制造业体系和“一镇一品”的产业发展特色。其中最主要的行业部门包括五大支柱产业和四大特色产业，五大支柱产业分别是电子信息制造业、电气机械及设备制造业、纺织服装鞋帽制造业、食品饮料加工制造业、造纸及纸制品业；四大特色产业分别是玩具及文体用品制造业、家具制造业、化工制造业、包装印刷业。这些产业都已经形成了较为完善的产业集群。

根据显示性比较优势指数（RCA[①]）分析，东莞的“计算机、通信和其他电子设备制造业”和“造纸及纸制品业”在全国具有很强的比较优势，RCA指数分别为4.39和3.16；其他产业，如家具和包装印刷业，纺织服装、玩具及文体用品制造业，橡胶和塑料制品业也都有很强的竞争优势（见图2）。

（三）创新能力较强

东莞市具有较强的科技创新能力。截至2019年，科技部、国家发展改革委共支持78个城市开展国家创新型城市建设，包括72个地级市，以及北京市海淀区等4个直辖市城区和昌吉市、石河子市2个县级市。2019年12月29日，中国科学技术信息研究所公布的《国家创新型城市创新能力评价报告2019》显示，东莞市在72个国家创新型城市中，创新能力排名第28，总体处于较为靠前的水平。2018年，东

---

① RCA，即显示性比较优势指数。总体来说，若 $0 < RCA < 1$，则表示某产业或产品具有比较劣势，其数值越是偏离1接近于0，比较劣势越明显；若 $RCA > 1$，则表示一国某产业或产品在国际经济中具有显示性比较优势，其数值越大，显示性比较优势越明显。如果 $RCA > 2.5$，则具有很强的竞争优势；若 $1.25 < RCA < 2.5$，则具有较强的竞争优势；若 $0.8 < RCA < 1.25$，则该行业具有较为平均的竞争优势；若 $0 < RCA < 0.8$，则不具有竞争优势。

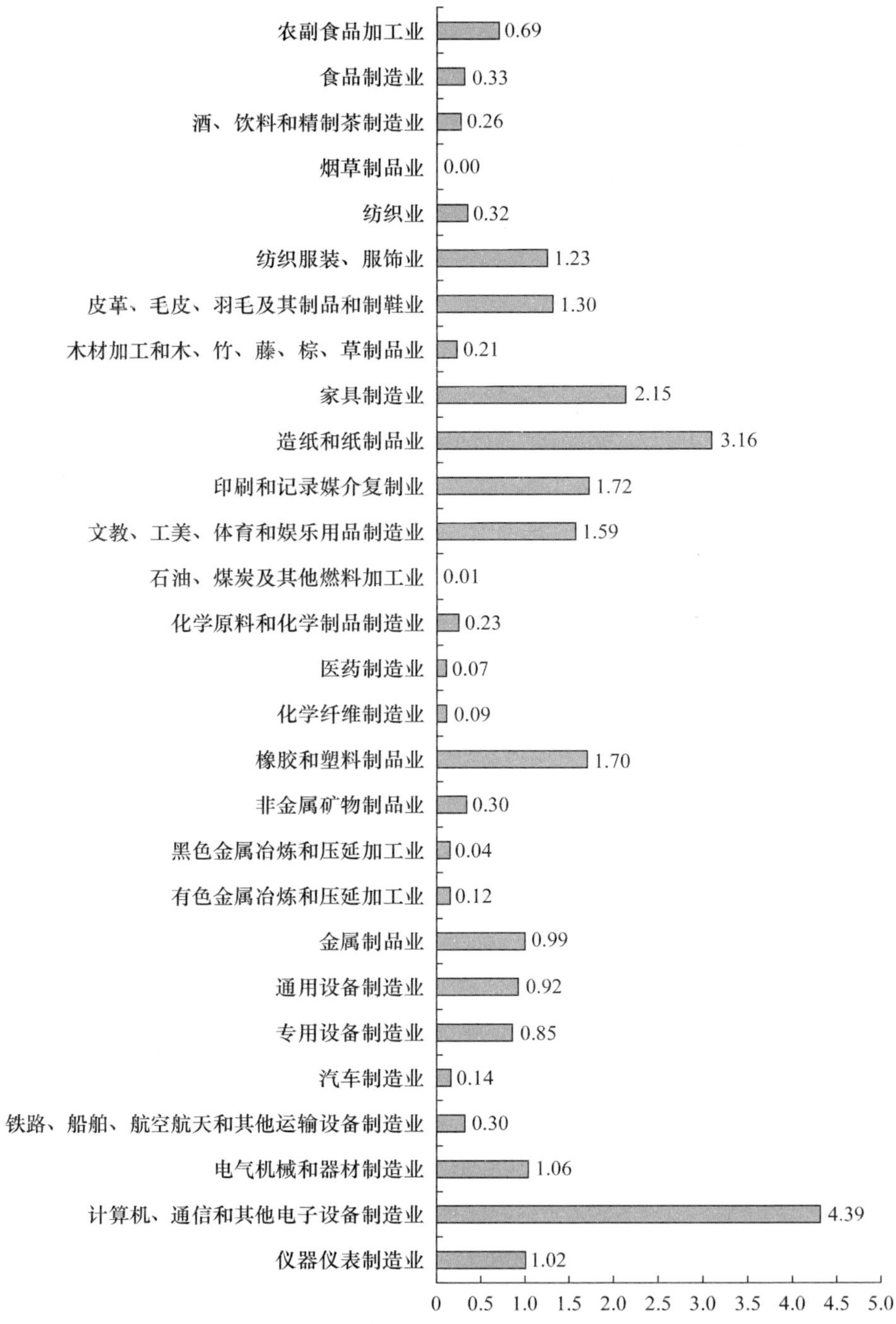

图2　2018年东莞市与全国相比各行业营业收入的RCA指数

资料来源：《东莞统计年鉴2019》和《中国统计年鉴2019》。

莞市规模以上工业企业共申请专利 39891 件，占全国的 4.2%。东莞工业企业每亿元营业收入平均申请专利 2.05 件，远高于全国平均 0.91 件的水平。

东莞市具有进一步提升创新能力的良好基础。坐落于东莞市的中国散裂中子源是国家“十一五”期间重点建设的十二大科学装置之首，是继英国散裂中子源、美国散裂中子源和日本散裂中子源之后，全世界第四台脉冲型散裂中子源。该项目为我国材料科学技术、物理、化学化工、生命科学、资源环境和新能源等提供了一个先进、功能强大的科研平台，是重要的创新载体。另外，近年来，东莞市依托强大的制造业力量，发挥政府、科研机构和企业积极性，充分利用国家大力推进创新驱动的有利时机，建设了一系列制造业企业技术创新的平台载体（实验室、研究院等），包括政府技术创新平台、园区技术创新平台、企业技术创新平台等。

（四）进一步升级发展中也面临诸多困难

一是制造业效益水平不高。虽然东莞市制造业规模较大，但从人均角度看，生产效率和效益水平仍有待进一步提升。特别是在全球化的背景下，与发达国家相比差距更加明显。例如，2018 年，东莞市制造业人均增加值为 72.5 万元，折合 11.0 万美元/人，而美国为 48.5 万美元/人，是东莞市的 4.4 倍。一些分行业的比较如图 3 所示。

二是产业链升级面临多重困难。东莞不少产业，特别是先进制造业领域普遍存在着关键技术受制于人的现象，亟须突破技术瓶颈，实现产业链水平的升级。在提升创新能力中也面临多重障碍，包括缺乏并难以留住创新型人才、产学研合作能力有待提升、工业设计和工业服务等配套产业或能力不足。

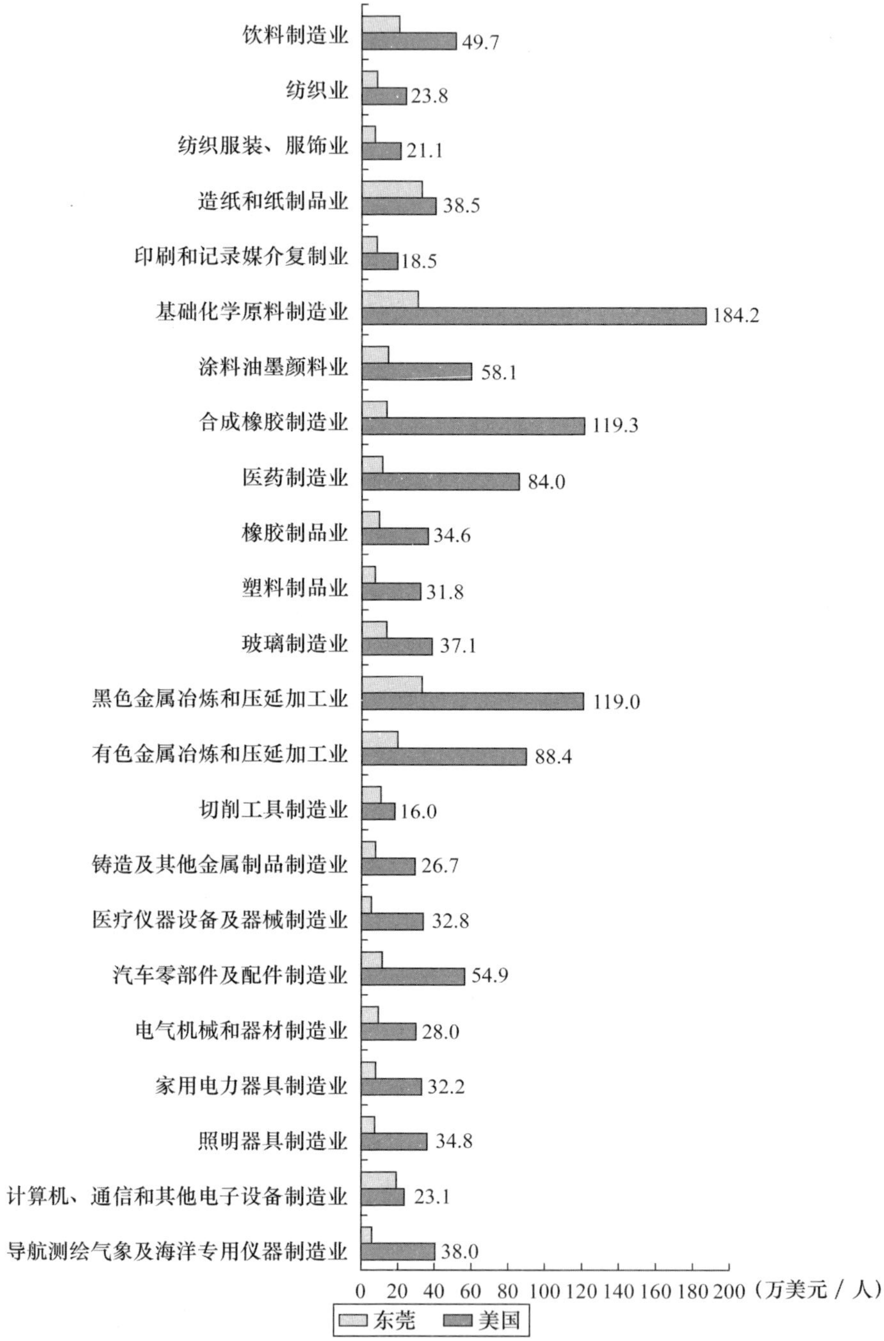

图 3　东莞市和美国部分制造业行业人均工业总产值比较

资料来源：《东莞经济普查资料 2018》和《美国就业及产出统计 2018》。

三是集群能力升级遇障碍。东莞市在长期发展过程中，形成了镇街特色明显的、大量小规模产业集群，这些村镇级产业集群如今普遍需要进一步跨区域整合，提升集群层次，发挥更大规模集群效应，但在如何进一步跨镇街、跨市域进行协调整合，如何与粤港澳大湾区，以及广东省甚至全国的其他区域深化分工协作等问题上，仍存在不少的障碍。

四是中美经贸摩擦带来的新压力。东莞市处于我国对外开放的最前沿，其经济发展的外向度很高。2018 年，东莞市规上工业企业出口额占工业增加值的比重为 38.6%，远高于全国 13.3% 的水平。特别是电子信息制造业，东莞市的对外出口依存度（出口/主营收入）达到 43.5%，其中计算机制造业高达 73.1%，而美国是全球最大的电子信息业消费国，因此中美经贸摩擦对东莞市的直接影响很大。

二、东莞市制造业高质量发展的主要路径

根据国家战略、产业发展趋势及东莞市既有优势，东莞着力推进打造世界级先进制造业集群，不断提升传统制造业产业集群，致力于打造粤港澳大湾区中的先进制造业高地。

（一）紧紧围绕打造世界级电子信息产业集群，引领制造业高质量发展

《粤港澳大湾区发展规划纲要》是从国家层面指导珠三角高质量发展的重大战略，该纲要提出，大湾区要建设国际科技创新中心，构建具有国际竞争力的现代产业体系，以深圳、东莞为核心在珠江东岸

打造具有全球影响力和竞争力的电子信息等世界级先进制造业产业集群。东莞制造业打造以智能移动终端为核心的电子信息产业集群，符合国家战略要求。

电子信息产业具有广阔的发展空间。从过去发展历史和可预见的发展趋势看，电子信息产业发展快、空间大。例如，2005～2015 年，韩国“计算机、电子和光学产品”的增加值从 499 亿美元增长到 814 亿美元，年均名义增长 5.0%，快于同期韩国 GDP 年均增长（名义）4.5%的速度。另外，从规模看，美国 2015 年“计算机、电子和光学产品”的增加值达到 2785 亿美元（见图 4）。

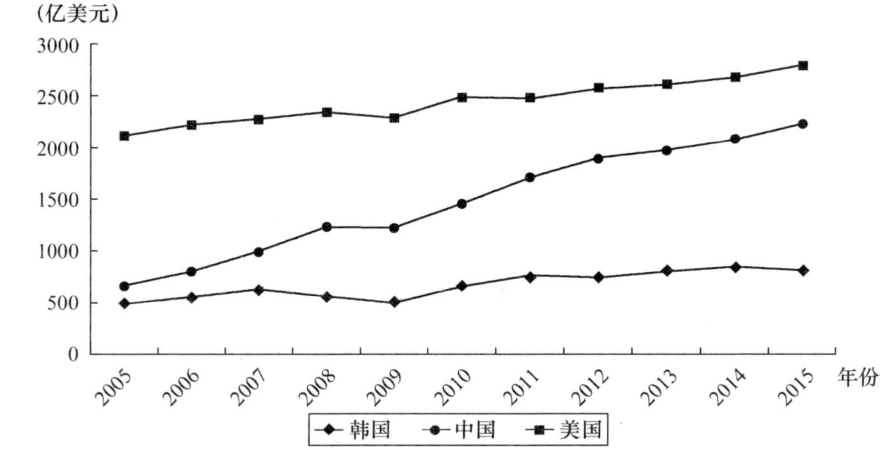

图 4　2005～2015 年韩国、中国、美国“计算机、电子和光学产品”的增加值

资料来源：OECD 数据库。

发展电子信息产业符合当前东莞市的产业基础。2018 年，东莞市电子信息制造业的增加值达到 1374.3 亿元，占规模以上工业增加值的 35.2%，是第二大产业电气机械及设备制造业规模的一倍以上，具有很强的主导地位，而且电子信息制造业在东莞市的占比呈快速提升态势，2012 年，占规上工业增加值的 29.8%，6 年间平均每年提升 0.9 个百分点。

（二）着力加强传统产业现代化改造，推进制造业高质量发展

传统制造业是东莞率先发展起来并已经具备较强竞争力的行业部门。当前，东莞的七个传统优势产业包括纺织服装鞋帽制造业、食品饮料加工制造业、造纸及纸制品业、玩具及文体用品制造业、家具制造业、化工制造业、包装印刷业。凭借这些产业，东莞形成了以镇街为基本单元的产业集聚区，每个集聚区均有大量的企业和较完善的配套体系，还发展出了一批具有较强竞争力的隐形冠军。例如，纺织服装业拥有小猪班纳、都市丽人、搜于特等品牌产品；食品加工制造业拥有嘉顿、华嘉、华美、圣心、徐记、思朗等知名企业；玖龙纸业集团是世界上最大的现代化包装纸制造集团等。

传统产业仍然有着很大发展空间。第二次世界大战以后，全球产业转移的基本规律是发达国家将低端制造业向欠发达国家转移，其背后原因在于劳动力成本上升，低端制造业难以招到足够多合适的劳动力，其比较优势不断丧失，因而不得不向劳动力成本更低的国家进行转移。但当前通过智能制造技术，特别是低成本智能化机器人替代人工，大幅度降低了对劳动力的需求，劳动力因素在制造业产业分工中的地位和影响日渐弱化。这一变化使我国有可能通过推进升级改造继续保留并发展相当一部分劳动密集型产业。

东莞的电气机械及设备制造产业也非常发达，具备进一步发展的较大空间，但鉴于东莞整体发展空间有限，将有限的土地等资源集中用于扩大电子信息产业的规模更具有经济效率，另外考虑《粤港澳大湾区发展规划纲要》明确提出要在珠江西岸打造装备制造业集群，东莞市可与珠江西岸的佛山等市进行错位发展。

三、东莞市推动制造业高质量发展的若干举措

（一）以支持龙头企业进一步做大做强为核心，强化电子信息产业链

东莞的电子信息产业链已经基本完整，除了电子中间品环节中的芯片设计、制造环节缺失外，其他环节全部覆盖，完整度较高，整体处于中高端位置，特别是下游终端产品制造，拥有华为终端、华为机器、欧珀移动、步步高等行业龙头，但不少环节仍然竞争力不够强、不够稳，特别是电子信息的终端行业，市场变化快、波动幅度大，需要进一步强链。强链的核心在于全面提升龙头企业的国际竞争力。因此，东莞市近年来着力支持产业链各环节的龙头企业进一步开展重大技术攻关、智能化改造、创新平台建设、高端并购等，进一步强化技术和品牌影响力，持续提升龙头企业的自主创新能力、国际竞争力和产业链带动力。

（二）以增强创新能力为重点，补齐东莞电子信息产业链的短板

东莞电子信息制造业的很多行业关键技术仍然受制于人，需要着力提升产业基础能力和水平。例如，上游核心设备及零部件制造环节仍然薄弱，核心电子元器件、软件、芯片、面板等领域的自主研发水平较低，极为依赖进口。东莞本土企业生产所需的芯片、面板、软件和核心元器件等重要零配件，60%以上需要从德国、日本等国外地区进口，迫切需要加快核心技术攻关，补齐产业链短板。

为此，东莞市着力帮助企业提升研发能力，支持企业努力突破核心关键技术。一是重点打造先进材料国家实验室和创新中心，让重点

实验室和创新中心根据产业的实际需求开展研究，提升关键技术创新能力。例如，松山湖材料实验室聚焦高分子增材制造材料、新型低温超导材料、液态金属等材料，发展先进材料产业集群，集中突破电子信息产业上游的基础原材料瓶颈。二是提升产业链的协同创新能力。通过支持新一代信息通信、智能终端、工业机器人、高端智能制造装备等行业龙头企业联合研究机构和行业上下游共建产业链协同创新中心，带动基础原材料、核心电子元器件、设备、关键软件等上下游配套企业协同发展。

（三）支持传统产业的信息化、自动化和品牌化改造提升

信息化水平提升可以显著提升企业管理现代化水平，提高企业运营管理效率和效益。当前，东莞市传统产业已经形成了重要产业集聚化发展，总体具有较高竞争力，但大中小企业差异很大，有些企业信息化程度很高，不少中小企业仍然处在信息化 3.0、2.0 甚至 1.0 的阶段，进一步推进信息化提升具有很大的空间和迫切性。

支持企业进一步提升自动化水平，降低劳动力成本。东莞市的传统产业中，纺织服装鞋帽制造业、家具制造业、包装印刷业、玩具及文体用品制造业、化工制造中的橡胶和塑料制品业，都是劳动密集型行业（见图 5）。近年来，劳动力成本较快上涨大幅度降低了行业竞争力，但劳动力工资上涨是不可阻挡的趋势。要保持这些传统产业的国际竞争力，必须要加快“机械换人”，进一步提升自动化水平，以降低劳动力成本上涨的不利影响。

积极打造基于关键技术或品牌的核心竞争力，保持传统产业的国际竞争力。东莞市不断促进企业创新驱动，提升技术创新能力，特别是着力培育品牌。企业的品牌可能是面向普通消费者的，也可能是业

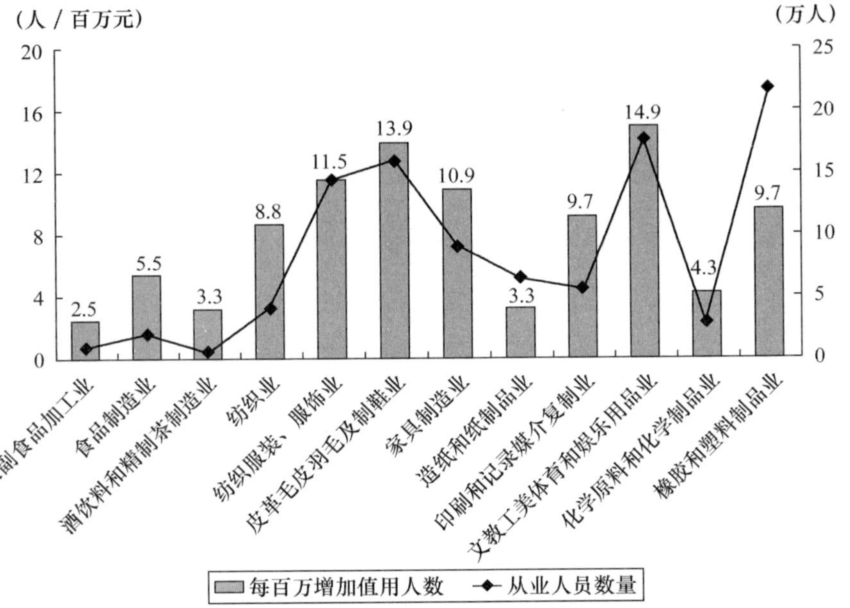

图 5　东莞市 2017 年主要传统行业用人总量及劳动力密集度

资料来源：东莞统计年鉴 2018。

内的品牌。对于难以打造自己品牌的大量中小企业，东莞市鼓励其与行业品牌企业结成紧密的协作关系，或成为龙头企业的代工企业，或成为龙头企业的零部件供应企业，从而享受龙头企业的品牌和核心技术带来的竞争优势。

东莞市高度重视支持发展工业互联网，支持企业利用工业互联网加快信息化提升步伐。工业互联网具有平台经济特有的共享特征，可以把每个企业做信息化提升和数字化转型需要单独投入的软件集中起来，按照使用付费，减少企业的硬件和人员投入及运维成本，还可以解决不同信息化系统之间的接口和协同问题，可以自动进行企业内不同系统的数据联通，大大提高了中小企业信息化的效率，降低了信息化难度。但是，我国的工业互联网发展仍处于起步阶段，建议支持东莞开展“5G + 工业互联网”试点示范，在重点企业打造人、机、物全面互联的工厂物联网网络体系。支持实施工业云及工业大数据创新应用试点，建设一批高质量的工业云服务和工业大数据平台。

（四）全方位挖掘潜力，支持传统产业降本增效

提升传统产业竞争力的一个重要方面是降低企业资金成本。随着信息化、自动化、智能化改造，不少劳动密集型行业正变成资金密集型行业，资金成本和能源成本在企业成本结构中显著上升。而我国中小企业贷款成本，以及能源成本和主要竞争对手相比，仍不具有优势，尤其是资金成本比发达国家高出不少（见图6）。因此，需要着力降低资金成本。在能源成本方面，我国近年来已经采取过多次降电价措施，但电价仍有下降空间，另外，天然气价格较高也是企业反映的一个问题。

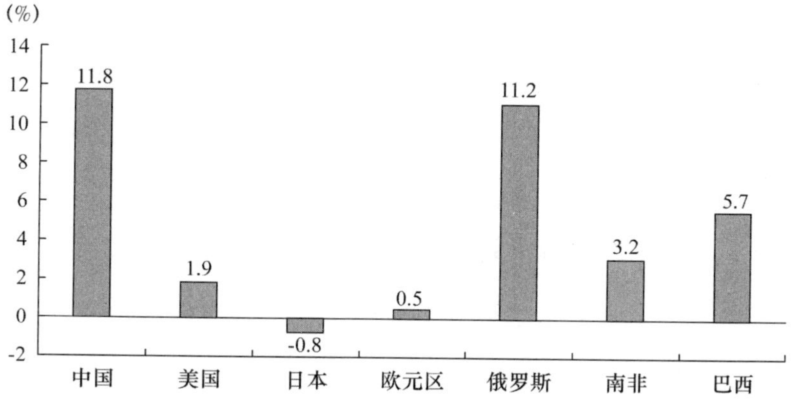

图6　2014年中国与世界主要国家及地区贷款实际利率比较

资料来源：牛犁、陈彬，国家信息中心，《中国制造业成本国际比较及降成本对策建议》。

在进一步优化营商环境，挖掘进一步降低企业成本的潜力方面，东莞市进行了多方面探索。一是进一步降低企业用电成本。除了国家统一执行的工商业平均电价降低计划以外，对符合国家战略发展需要

的集成电路封装测试、材料等生产型企业上一年度用电成本，按照“先交后补”的方式，给予用电费用补助。二是多方面支持企业增加债券发行，促进企业低成本使用资金，包括支持政策性银行以转贷形式向地方法人银行机构批发资金，专门用于投放小微企业贷款，缓解小微企业融资困难。三是着力降低制造业企业电信资费，推动中小企业宽带平均资费和移动网络流量平均资费不断下降。

（五）大力支持传统产业培育“隐形冠军”

传统产业形成可持续竞争力的核心是要发展出一批掌握关键核心技术、具有行业话语权的“隐形冠军”企业。在东莞传统产业土地等资源供给有限、增量发展空间不大的情况下，要瞄准打造一批掌握细分领域全球话语权的“隐形冠军”方向不断施策。一是支持企业主要通过兼并重组的路径提升行业集中度，提升其在行业中的影响力和地位，用一定的规模助力企业进一步升级。二是支持建立纺织、家具、电子信息等区域性行业组织，加强与国内顶尖的国际性制造业行业组织和行业龙头企业对接，引导更多东莞企业加入相对稳定的供应链条，提升细分行业龙头企业的协作能力。三是支持实施专业技术人才知识更新工程和先进制造卓越工程师培养计划，开展现代学徒制试点示范，培养一批专业水平一流的“东莞工程师”和技艺精湛的“东莞师傅”。

执笔人：许召元

案例四

铜陵市制造业高质量发展思路与建议

一、铜陵市制造业高质量发展势在必行

铜陵是一个以铜业为主体的工业城市，是新中国最早投资建设的铜工业基地。2018 年，铜陵市实现地区生产总值（GDP）1222.4 亿元，其中，第一产业增加值 50 亿元，第二产业增加值 712 亿元，第三产业增加值 460.3 亿元。三次产业结构为 4.1∶58.2∶37.7。2018 年铜陵市铜业总产值约占全市工业总产值的 65%。

（一）铜陵市正在大力发展制造业且成效显著

经过长期开采，铜陵市铜矿资源面临枯竭，2009 年前先后关闭 12 座矿山，只留下 2 座处于开采中期的铜矿，并于当年被确定为国家第二批资源枯竭城市。在此背景下，铜陵市大力发展铜加工业及其他制造业，成效显著。2018 年，铜陵市工业总产值中铜矿开采产值仅为 19.3 亿元，占比仅为 0.87%。在铜陵市 2018 年实现的工业增加值 647.5 亿元中，采矿业下降 6.6%，制造业增长 5.3%。铜陵市已建成一批铜精深加工项目，涉铜产业现已成为全国铜加工产业领域产业链最长、种类最全、规模最大的铜基新材料产业基地。2018 年，铜陵的

省级铜基新材料产业集聚发展基地产值比 2009 年翻了 3.3 倍；铜基新材料产业产值占铜产业比重由 2009 年的 21.8% 提高到 55.2%。

2018 年，铜陵市工业总产值中产值过千亿元的是有色金属冶炼和压延加工业（1284.6 亿元），产值过百亿元的分别是非金属矿物制品业（149.4 亿元）、电气机械和器材制造业（116.3 亿元）、化学原料和化学制品制造业（110.6 亿元）、黑色金属冶炼和压延加工业（102 亿元）与电力、热力生产和供应业（107.2 亿元）六大主导产业。2018 年这六大产业增加值呈现“五升一降”：有色金属冶炼和压延加工业增加值增长 11.9%；非金属矿物制品业增加值增长 2.5%；化学原料和化学制品制造业增加值增长 2%；电力、热力生产和供应业增加值增长 13.9%；黑色金属冶炼和压延加工业增加值增长 13.4%；电气机械和器材制造业增加值下降 7.1%。

另外，铜陵市近几年大力推进的半导体、新材料、电子信息、先进装备制造业等战略性新兴产业，发展势头良好，2018 年其产值增长 17.1%，占规模以上工业总产值比重为 36.9%，位居安徽省第二。

（二）铜陵市制造业发展亟须强化

铜陵市制造业发展成就显著，但也显示出若干需要着力解决的问题。一是制造业高度依赖铜业，铜冶炼与加工及铜化占据工业总产值的六成，占制造业总量的八成以上；二是制造业又过度依赖铜陵有色金属控股集团公司①，2018 年该集团实现销售收入 1776 亿元，远高于

① 铜陵有色金属控股集团公司（简称“铜陵有色集团公司”）于 1949 年 12 月由中央决定恢复建设，1952 年 6 月正式投产，是新中国最早建设起来的铜工业基地，中国铜工业的摇篮，先后建成了新中国第一座铜矿，自行设计建造了新中国第一座铜冶炼厂、第一座机械化露天铜矿等。经过 60 多年的建设，公司已发展成为以有色金属为核心主业，集金融贸易、精细化工、装备制造、科研设计、房地产开发、建筑安装、井巷施工等相关产业多元化发展的大型企业集团。

铜陵市其他制造型企业销售收入总和；三是其他类型制造业的企业规模过小，年销售收入过 10 亿元者甚少；四是颇具前景的电气机械和器材制造业表现欠佳，成为铜陵市 2018 年工业六大行业中唯一增长下滑者。这些问题，对于“千年古铜都”及“因有色而成市”的铜陵市来说，有着客观必然性，是铜陵市转型发展中的难题，需要通过加强非铜制造业发展来化解。

（三）铜陵市制造业更需要高质量发展

铜陵市不仅要着力做大制造业，更要做优做强制造业，实现制造业高质量发展。这是时代的要求，更是铜陵市作为国家首批产业转型示范区的使命所在。

2017 年 4 月，国家发展改革委、科技部、工业和信息化部、国土资源部、国家开发银行联合印发《关于支持首批老工业城市和资源型城市产业转型升级示范区建设的通知》，将铜陵市列为首批产业转型升级示范区。在通知的附件中，建议铜陵市重点探索的示范领域有四个：一是继续探索加快涉铜产业改造升级和延伸产业链的有效途径；二是继续探索通过科技创新促进电子信息、先进装备、新材料等新兴产业发展，加快培育新技术新产业和新业态的有效途径；三是探索通过承接产业转移和产业合作促进产业转型升级的有效途径；四是探索加快特色产业园区建设和园区产城融合发展的有效途径。这既明确要求铜陵市制造业高质量发展，又为其制造业高质量发展指明途径。

二、铜陵市具备制造业高质量发展的显著优势

（一）铜陵市具有制造业高质量发展的集群化优势

制造业高质量发展的最典型也最有效的模式与途径就是集群化发

展，而铜陵拥有世界上历史最悠久且仍然名副其实的铜业集群，在国际铜业界享有盛誉。铜陵铜业集群至少有三大特点：一是形成了铜采、选、炼、加工成龙配套的铜产业链，以及铜板、带、管、杆、线、粉等系列铜产品链；二是延伸了铜产业链，促进铜产业与电子信息等新兴产业融合发展，塑造了铜资源再利用、铜冶炼、铜深加工、铜贸易、铜研发、铜文化一体化的特色产业体系；三是着力对接轨道交通、新能源汽车、航空航天、海洋工程、电子信息等高端领域，重点发展特种铜箔、高性能覆铜板、高端印制电路板、第三代/第四代高强高导铜合金带、高端异型铜带、高性能铜粉等高端产品，发展势头良好。2018 年铜陵市 82 户规模以上铜业企业实现主营业务收入 2270. 9 亿元，同比增长 16. 5%；实现利润 13. 9 亿元，同比增长 64. 8%。

铜陵市铜业集群化发展不仅为铜制造业高质量发展奠定了坚实基础，而且为其他制造业高质量发展提供了范例，更为其他制造业高质量发展创造了可共享的制造业基础能力与文化。

（二）铜陵市具备制造业高质量发展的区域优势

近几年来，铜陵市的区域内外环境发生了重大变化，铜陵市制造业高质量发展的区域优势更为凸显。2018 年 4 月 12 日举行的长江三角洲城市经济协调会第十八次市长联席会议，审议通过了关于吸纳铜陵、安庆、池州、宣城加入长三角城市经济协调会的提案，铜陵市正式获准加入长江三角洲城市经济协调会，融入长三角城市群合作发展工作全面展开，为打造世界级城市群贡献铜陵力量，也为铜陵市制造业高质量发展创造了更优环境。

2019 年 12 月 1 日，中共中央、国务院印发了《长江三角洲区域一体化发展规划纲要》，安徽共有合肥、芜湖、马鞍山、铜陵、安庆、滁州、池州、宣城8市入选长三角27个城市中心区。在这些城市中，铜陵市居民人均可支配收入倒数第四（见表1）。

表1　　2019年长三角27个城市中心区居民人均可支配收入排名　　单位：元

名次	城市	收入	名次	城市	收入	名次	城市	收入
1	上海	69442	10	温州	51490	19	泰州	37773
2	苏州	60109	11	常州	49840	20	扬州	37074
3	杭州	59261	12	湖州	48678	21	芜湖	34529
4	南京	57630	13	金华	48155	22	盐城	32096
5	宁波	56982	14	台州	47988	23	宣城	28834
6	无锡	54847	15	镇江	44259	24	铜陵	27794
7	绍兴	53839	16	南通	40320	25	池州	24786
8	舟山	53568	17	马鞍山	39783	26	滁州	23999
9	嘉兴	51615	18	合肥	38806	27	安庆	23077

人均可支配收入低意味着经济欠发达，反过来又意味着是成本洼地，有可能成为“富友邻”制造业转移的承接地，具有潜在的后发优势。

（三）铜陵市制定并全力推进工业转型升级“1365”行动方案

铜陵市于2018年7月25日制定了《铜陵市工业转型升级“1365”行动方案（2018－2022年）》，重在推动铜陵工业高质量发展。虽然该行动方案并非为制造业高质量发展而制定，但制造业是工业的重点，该行动方案还是为推动铜陵市制造业高质量发展提供了重要参考。另外，2019年是铜陵工业转型升级“1365”行动推进年，通过一年的行动，铜陵工业转型升级取得了可喜的成绩，为制造业高质量发展创造了更好的基础与氛围。

（四）铜陵市若干制造型企业已取得高质量发展的诸多成功经验

制造业高质量发展重在制造型企业的高质量发展，没有这些企业的高质量发展也就谈不上制造业高质量发展。当然，并非有了制造业高质量发展理念才有制造型企业的高质量发展行动，实际上，制造型企业都会寻求高质量发展，这既是本能使然也是内外部环境所诱与压力所致，只是这些多是自发行动而非在高质量发展理念指导下的系统行动。铜陵市制造型企业也不例外。这些年来，铜陵市若干制造型企业在内外因素驱动下不断探索高质量发展之路，并取得诸多成功经验。

一是坚持技术革新与工艺升级相结合，自主创新、融合国际炼铜工艺，推进铜冶炼工艺技术升级和绿色发展。二是重点延长铜产业链，让铜产业从传统的铜丝、铜线加工向铜板带、铜合金等铜精深加工发展，大大提高铜业附加值。三是积极开发差异化产品，大力发展具有高附加值、高科技含量的产品，拓展新能源汽车、家电、航空航天、5G 商业应用等领域。这些成功经验体现了制造业高质量发展的重要特性，如引进先进技术促进产品升级与转型，自主创新开发新产品，延伸产业链，提高产品附加值，以用户为中心，不断扩大产品用户群体范围，着力适应市场的时代变化，更好地满足用户需求，绿色制造，产业集群化，为铜陵制造业高质量发展明确了方向。

（五）铜陵市基于工业互联网平台的制造业提质初见成效

铜陵市作为传统工业城市，积极拥抱新一代信息技术和工业互联网，制定了基于工业互联网平台的制造业提质方案，并付诸实施。铜陵市于 2017 年 5 月印发了《关于加快制造业与互联网融合发展实施方案》；2018 年 11 月出台了《铜陵市深化“互联网 + 先进制造业”发展工业互联网实施方案》，着力推进铜陵市工业互联网平台建设，促进制造业智能化转型。

2019 年 10 月，铜陵市与阿里巴巴集团签订了铜陵市与阿里云关于智慧工业大数据产学研合作项目协议，积极对接阿里云工业大脑开放平台 2.0，走出了一条“政府搭台、企业唱戏、生态共赢”的区域工业智能之路，打造了首个城市级工业大脑（见图 1）。

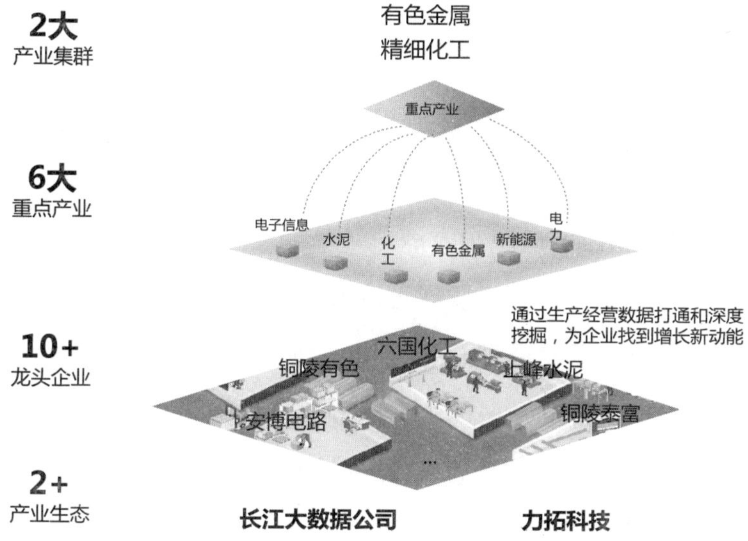

图 1　铜陵市基于工业大脑的智能制造示意图

铜陵市基于工业大脑（工业互联网平台）的智能制造体系已聚集了本地 2 大产业集群，6 大行业，超过 10 家龙头企业入驻，通过生产经营数据的打通和深度挖掘，为企业找到增长新动能，未来更将实现产业上下游的跨厂跨流程智能协同，完成产业链的整体升级，促进铜陵制造型企业与制造业的高质量发展。如铜陵六国化工磷酸萃取率的大小以往取决于老师傅的经验，工业大脑根据六国化工一年或者两年的配比数据做出算法模型，利用算法模型算出来的数值把磷酸萃取率提升至6%。铜陵市工业大脑成果作为“铜陵模式”入选工信部工业互联网跨行业跨领域平台典型[①]。2019 年 12 月，工业互联网标识服务节点（铜陵）正式上线。工业互联网标识服务节点（铜陵）是安徽省第一个标识服务节点，重点结合当地冶炼、化工、电子信息等优势行业开展标识应用。铜陵市政府与阿里云建立战略合作关系，合作组建安徽长江工业大数据公司，承担铜陵标识服务节点的建设运营。工业互联网标识服务节点上线运行，标志着铜陵市工业互联网平台发展迎来新的里程碑。

三、铜陵市可积极探索制造业高质量发展的有效模式

（一）制定制造业高质量发展总体战略

制造业高质量发展是新发展理念在制造业中的具体化，推动制造业高质量发展须以新发展理念为指引。新发展理念是整体理念，制造业高质量发展也是整体发展模式，即围绕特定的目标，厘清相关因素，确定核心互动关系，制定出富有特色的制造业高质量发展总体战略，也就是制造业高质量发展的顶层设计。

铜陵市制造业高质量发展总体战略以新发展理念为指引，在第四次工业革命背景下，根据安徽省制造业高质量发展的总体部署，紧密结合本地制造业发展的实际情况，拟定制造业高质量发展切实可行的目标，进而设计出可供操作的整体高质量发展模式及行动方案。

铜陵市制造业高质量发展的核心目标是做大做强做优做精做特铜陵市制造业，扩大制造业规模，提升制造业质效，优化制造业结构，

① 铜陵模式有四个要素：一是建立产业互联网平台，再造和升级生产关系；二是通过数据智能技术，提升企业生产力；三是引入各行各业的生态合作伙伴，打造服务全产业链的能力；四是打造一个全国领先的工业大数据园区，让合作伙伴能在当地立足，兴业发展。

提高制造业智能化水平，实现铜陵特色的制造业可持续发展。

铜陵市制造业高质量发展的首要目标是扩大制造业规模，途径是铜与非铜并重，即通过做强铜业带动其他制造业发展，做大其他制造业从而促进铜业发展，“以强拉大、以大促强”。

铜陵市铜业发展的核心模式是集群化，该模式值得其他制造业借鉴。这意味着，铜陵市制造业高质量发展既要实现铜业集群升级，又要着力培育若干非铜制造业集群，共同构成铜陵特色制造业。

在第四次工业革命浪潮中的铜陵制造业高质量发展，既要大力发展数字化与智能化制造，做大先进制造业，也要不断提高传统制造业的数字化与智能化水平，促进传统制造业的高质量发展。

铜陵市制造业高质量发展必须坚持政府引导、企业力行的原则，政府着力推进制造型企业的高质量发展，为制造型企业高质量发展提供坚实的支撑，与制造型企业共同营造铜陵制造业高质量发展所需要的产业生态系统。

（二）优化制造业高质量发展的相关结构

制造业高质量发展重在持续优化相关结构，铜陵市制造业高质量发展着重优化产业结构、产品结构、市场结构、企业结构、空间结构等。

铜陵制造业高质量发展首先要优化产业结构，培育既适应社会市场变化又符合本地实情的铜陵制造业结构。铜陵市是长三角地区的三四线城市，但又拥有享誉世界的铜业，这就决定了铜陵制造业既要大力发展先进制造业又要拥抱传统制造业，在非铜制造业中不排除中低端制造业，形成高中低相结合、铜与非铜并重的合理制造业结构。培育非铜制造业，一是在既有制造业中培育壮大，二是积极承接长三角发达地区的产业转移，着力成为相关制造业的发展热土。

铜陵市制造业高质量发展要大力优化产品结构，目前的产品多是原料及部件类制成品，居民用品甚少。铜陵市要培育壮大居民用品制造，持续提高居民用品制造比例，铜陵智能家居产品体现了该理念。

铜陵市制造业高质量发展要不断优化现有产品的市场结构，特别是扩大铜产品的应用范围，精制铜产品适合高端市场需求，不断提高产品附加值。铜陵铜冠铜箔与铜陵精达在这方面都取得了可喜成绩。

铜陵市制造业高质量发展要不断优化企业结构，大力培育壮大中小微企业，既有铜陵有色集团这样大牌企业，又有众多中小企业，形成以强带多、以多促强的良性格局。

铜陵市制造业高质量发展要重点优化空间结构，将偏于江南的制造业优化至江北，充分利用江北低成本优势发展高中端制造业，沿G347 国道两侧向西发展中低端制造业，带动枞阳县制造业高质量发展。

（三）制造业高质量发展若干途径

铜陵市制造业高质量发展途径很多，主要有：一是产业链升级，沿着产业链开拓下游环节，由铜采、冶向铜加工伸延；二是提高产品附加值，提高产品技术含量与品质，进入高端市场；三是集群升级，把铜业集群作为整体，向高端化、高级化升级；四是数字制造，提高制造技术中的数字化水平，实现产业数字化；五是智能制造，有效对接相关工业互联网平台，不断发挥大数据与算法威力，实现精准与个性化制造；六是提升产业基础能力和产业链水平，运用产业链分析工具，厘清铜等重点产业链的薄弱环节，实施强基工程，提高产业链整体能力与水平；七是共享制造，向中小企业开放大企业的余闲制造设施，或建设共享制造平台，增加企业共享制造资源及能力；八是区域品牌营销，既要强化铜业区域品牌营销，更要以铜业品牌带动制造业区域品牌营销，吸引更多类型制造业企业前来落户，从而实现做大做强做优做精铜陵制造业的宏大目标，等等。

（四）助推制造型企业高质量发展

铜陵市制造业高质量发展既要助推大企业高质量发展，也要推动其他相关中小企业的高质量发展，但是这两类企业的高质量发展路径并不相同。

对于大企业来说，其高质量发展重在铜业集群升级与商业模式升级，即从铜采、冶、加工的制造型企业升级为在铜陵的铜产业园开发及运营商，通过更为专业化的铜业园区做大规模并促进铜业更好地发展。在这一过程中，需要铜陵市政府给予更多的支持。

对于推动其他中小制造型企业高质量发展来说，一是创建相关制造业技术创新中心，为中小企业对接外部科技机构搭建平台，提升中小企业科技能力与产品开发水平；二是在铜陵举办相关制造业会展与论坛活动及资助中小企业外出参加会展与论坛活动，提高中小企业接近相关市场与前沿信息的能力，助推企业营销；三是强化本地企业间联系与合作，等等。

（五）塑造制造业高质量发展的产业生态系统

区域制造业发展是区域与制造业相互适应、互动与匹配的过程。植物健康成长往往需要良好的生态环境或系统，制造业发展亦如此。一家制造型企业要获得高质量发展，需要健壮而多样化的产业生态系统。同样，一个地区的制造业高质量发展不仅仅是培育壮大一个或多个制造型企业，而是发展出健壮而多样化的制造业生态系统。产业集群化发展就是典型的产业生态系统化发展。在全球化时代，在第四次工业革命浪潮中，孤立企业或同类企业相聚的产业发展模式越来越难持续，平台化与产业生态系统化发展越来越重要。产业生态系统化发展是类比，它是企业与地区相关机构互动共生的共同演化发展模式（见图2）。

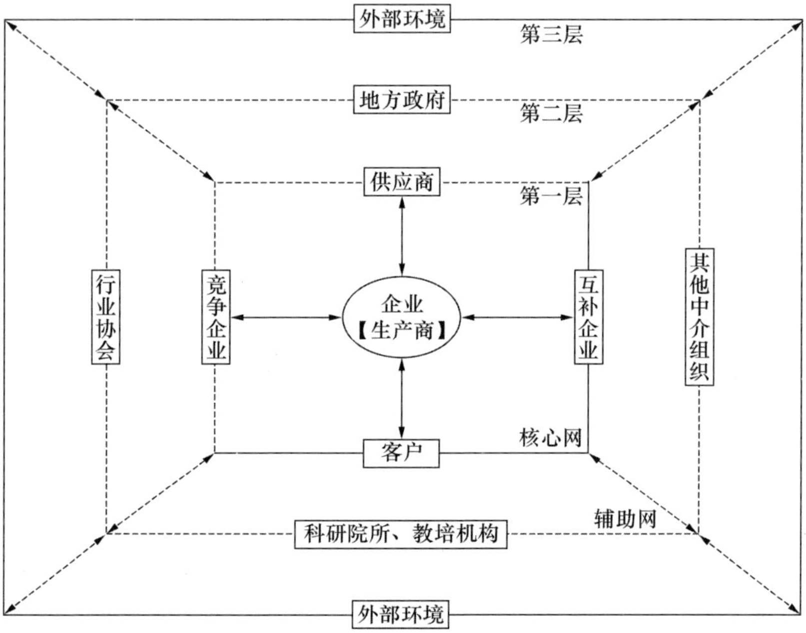

图2 产业生态系统构成示意图

铜陵铜业集群就是较好的铜业生态系统。另外，铜陵市正在建设的家居智造产业园也体现了该理念。万华绿色分布式大家居智造产业园（铜陵）总规划面积约3000亩，起步区建设1000亩，规划建筑面积20多万平方米，包括标准化厂房、孵化中心、双创基地、公共配套服务设施等。园区主要依托万华无醛生态秸秆板（制板、饰面）项目，延伸产业链条，以家居智造产业为主导、以产业集聚为目标、以产业链整合为路径，以多元化落户方式引进家居生产及配套企业、相关研发机构等入驻。项目建成后将成为华东地区首家集板材、家居、贸易、会展、物流、研发于一体的绿色低碳家居智造产业中心。

铜陵市制造业高质量发展既要持续提升既有制造业生态系统的质量，也要助推新制造业生态系统发展。需要注意的是，产业生态系统是多方共建共治共生的开放式系统，而非独家企业自建自营。

（六）完善制造业高质量发展的支撑体系

制造业高质量发展需要良好的支撑体系，既包括有形的基础设施与城市环境优化，也包括无形的制造业基础设施建设，还包括营造有利于制造业高质量发展的文化氛围等。在第四次工业革命的当下，互联网的网速与无线连接是重要的支撑体系组成。

不同的制造业高质量发展，需要不同的支撑体系，这体现在产业生态中。除此之外，铜陵市还要根据制造业高质量发展目标而不断完善具有普适性与适应性的公共支撑体系，如科技创新、质量标准、劳动教培等以及有形基础设施支撑体系，尤其是代表着第四次工业革命的工业互联网发展水平。这是动态演化与持续改善的过程，也是精益思想这一制造业高质量发展模式在区域发展中的应用。

四、铜陵市制造业高质量发展应激发区域创新体系活力

所谓区域创新体系，是指在一定空间范围内，企业、科研院所、高校、中介服务机构、地方政府等相关主体共同构成的协同促进创新的组织体系。产业集群就是典型的区域创新体系，在第三次工业革命中扮演重要角色并直接引发第四次工业革命的美国硅谷就拥有世界最强劲的区域创新体系。可以说，制造业高质量发展本质上是基于区域创新体系的发展模式。享誉世界的“德国制造”，科技创新体系是其

三大支撑体系之一。德国历届政府十分重视制造业的科研创新和成果转化，着力建立集科研开发、成果转化、知识传播和人力培训于一体的科研创新体系。它的最大特色是个人、企业和政府的统一：科研人员出成果、企业出资本、国家出政策并负责协调企业和科技界；企业承担2/3的科研经费，剩下的1/3由联邦政府和地方政府买单。

在第四次工业革命中，美国致力于通过工业互联网平台把互联网与制造业融合起来，实施先进制造业战略，并构建以制造业创新中心或制造业研究所为核心的国家制造业创新体系（见图3）。

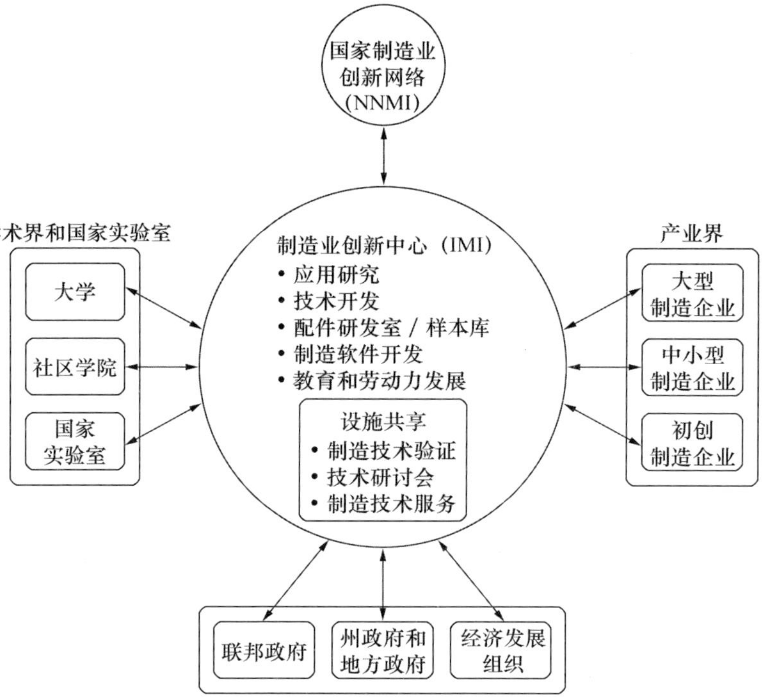

图3　美国制造业创新体系示意图

美国制造业创新体系对我国制造业高质量发展有着重要的借鉴意义。铜陵制造业高质量发展也需要构建以制造业创新中心为核心的区域创新体系，为铜陵市制造业高质量发展提供生生不息且强劲的动力。

五、相关建议

（一）制定制造业高质量发展行动计划并大力推进

制造业高质量发展是国家长期战略，也是铜陵市长期战略。战略不仅是设定愿景与目标，更应包括行动方案。铜陵市在推进制造业高质量发展战略时，除了要设定可行性的目标外，还要制定具有可操作性的行动方案，并以此为指南，推进精准招商、专业招商、链式招商，推动项目落户、园区建设、集群升级，实现铜陵市制造业高质量发展。

（二）深化基于工业互联网平台的制造业高质量发展模式

铜陵市基于工业互联网平台的制造业高质量发展已迈开坚实的步伐并取得初步成效。目前，平台理论已成体系，铜陵市可以相关平台理论为指导，进一步探索基于互联网平台的制造业高质量发展模式，促进重点行业与工业互联网深度融合发展，以大数据及算法促进铜陵市制造业高质量发展。

（三）打造有利于制造业高质量发展的教培基地

制造业高质量发展离不开高质量的技工，这是德国制造的核心经验之一。德国在培养技工的过程中，注重推行双轨制职业教育，即由学校和企业联合开展职业教育。学校负责传授理论知识，企业为学生安排到一线实习和培训。政府对数百个职业制定毕业考核标准，以确保教学和人才质量的评判水平。德国技工高质量培养模式值得铜陵市学习，铜陵市与铜陵有色集团共建的安徽工业职业技术学院，即可借鉴该模式。

（四）及时优化民营经济发展行动方案

民营企业具有内在的市场适应性和机制灵活性，更是互联网时代的弄潮儿，民营经济发展状况可以体现一个地方的市场经济发展水平。2019 年 2 月 1 日，铜陵市民营经济促进局正式挂牌成立，这是安徽省 16 个地市当中唯一一个全力为民营企业服务的市直部门。2019 年 3 月 31 日，中共铜陵市委、铜陵市人民政府印发了《关于大力促进民营经济高质量发展的若干意见》，并在全市掀起发展民营经济大潮。铜陵市制造业高质量发展既少不了民营企业的积极参与，也对民营企业提出了更高的要求，因此，铜陵市民营经济高质量发展行动方案需要根据制造业高质量发展战略及时优化，促进民营企业高质量发展。

执笔人：钱平凡

国际经验研究篇

日本经验对我国制造业高质量发展的启示

制造业高质量发展，是指以增强创新能力为核心，以产品质量、标准和服务提升为主要标志，最终形成产品具有国际竞争力、企业具有世界影响力、产业具有全球整合力的总体格局。进入21世纪，我国经济社会在发展中加快调整转型，同时也面临各种挑战，劳动力成本上升、气候变化、能源和环境问题、老龄化、消费升级等，迫切要求制造业高质量发展。我们借鉴日本制造业发展经验，得到了一些非常重要的认识。

一、日本制造业发展缓慢，但保持高端高品质形象

总体来看，日本制造业发展较为稳定，2008年全球金融危机以来，制造业增加值占GDP比重保持在19%～21.5%。2009年一度下滑2.3个百分点至19.1个百分点，2010年短暂反弹到20%以上，之后四年一直在20%以下，直到2015年，再次升至20%以上。先进制造业出口方面，2008～2017年，高科技产品出口额占制成品出口额比重除了在2009年有一个短暂上扬达到最高点20.6%以外，2010年至2017年基本呈下行走势，在2017年跌至17.6%（见图1）。

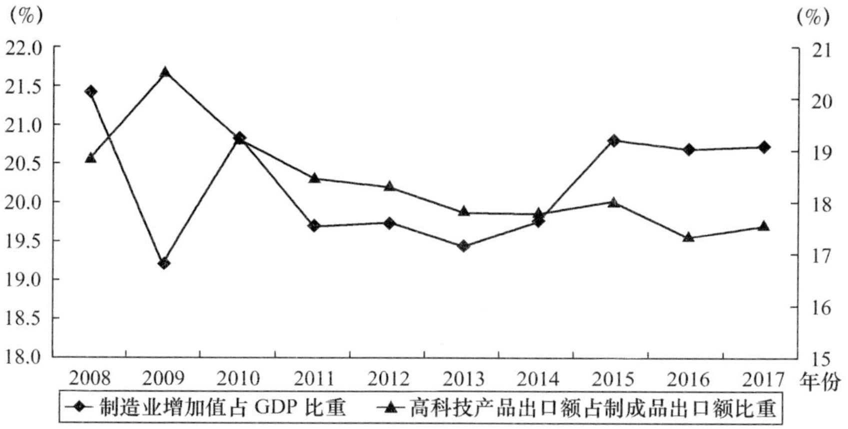

图 1　日本制造业发展演进图（2008～2017 年）

资料来源：Wind 数据库。

虽然日本制造业从总量数据来看表现不突出，但日本企业注重长期的传承和持续创新，因而在先进制造业领域的实力仍然很强。日本入围全球百强制造业企业超过 40 家，在产业上游的原料和设备领域，无论是专利的质量还是数量都非常突出。此外，因为技术、解决方案、管理经验和客户关系等可以在不同领域间相互赋能，有效发挥“1 +1 >2”优势，所以日本制造业还出现了平台化发展趋势，如日立发布的“Lumada”物联网平台，可高效地提供能源、产品、生命健康、移动出行、信息技术等领域的解决方案。

二、日本制造业发展经验丰富可为我国提供重要借鉴

日本制造业注重提高产品质量和技术创新，倾向于国际化发展，并重视上下游协同能力提升，政府在其中发挥重要作用。

（一）高度重视产品质量

日本企业高度重视产品质量，认为产品质量是企业的生命线。比

如，松下集团设有两个品质管理部门，专门对产品质量进行把关。在理念方面，不同于“一分钱一分货”，而倡导“品质不变”的理念，即先将潜在消费群体设置成不同组别，在产品品质不变的情形下，针对不同组别的人群，个性化推出不同类型、不同价格的产品。调研还发现，日本企业的专业化工匠精神比我国更强一些，在企业运行和管理中，日本的企业每天普遍有早会，如日本精工每天早会时先将前一天关于安全生产、质量方面存在的问题梳理一遍，然后再进行其他议题的讨论。

（二）重视基础技术和创新发展

日本大企业注重基础研究和应用研究双轮驱动。如日本精工奉行技术至上主义，将摩擦学技术、材料技术、解析技术及机电一体化技术等四大核心技术作为企业安身立命之本。为生产出低摩擦、高精度、低噪声、长寿命的轴承，需加强基础物理化学研究，如最佳的润滑剂配方、钢材中微量元素种类及密度、可液固态转化的转动装置介质等。为此，日本精工与全球物理化学家加强合作，定期赞助世界摩擦学大会等全球学术会议，以此来加强基础研究，进而带动技术创新和产品质量提升。日立集团同样注重基础研究，除了2000人规模的应用研究团队外，专门有100余人在做相关基础研究。

（三）重视国际化运营管理能力

日本本土市场狭小，资源匮乏，因此企业往往会走国际化发展道路，如松下集团拥有27万员工，600多家子公司，布局在全球各地。在国际化运营方面，经验也比较丰富。日立公司为应对全球化挑战，积极开展海外业务，打包销售掉不盈利的半导体、超薄电视和个人电脑等业务；为获取大数据集成应用分析技术和电梯技术等，分别收购美国 Pentaho 公司和英国 Temple 公司；为获取客户资源，在意大利、土耳其、美国和瑞士等地收购知名企业，其海外公司的比例在 2018 年达到 77%。

（四）重视上下游协同发展

日本上中下游企业组成完备的产业链，共同促进、利益均沾、共赢发展。日本产业是典型的金字塔式结构，最上层是三菱、富士、住友、松下、日立等超大型企业，第二层是为它们配套的中小企业，再往下第三层甚至第四层是为第二层配套的更小更上游的企业，上下层之间紧密合作。这一结构最大的好处是，下层的小企业接受来自上层企业的订单稳定，可专注于自己的技术提升与精进，因此日本存在大量掌握细分领域核心诀窍的小企业。据调研企业介绍，制造燃气发电机涡轮的一项关键技术掌握在日本一家 28 人的小企业里从业 20 年的老技工手中；再如仅有 633 人（截至 2018 年）的 Canon TOKKI 企业几乎垄断了全球所有的 OLED 屏幕生产设备市场。

（五）有效发挥政府和中介服务组织的作用

在促进产业发展的过程中，除了内阁主管部门发挥作用外，还活跃着大量的独立行政法人，承担着中期目标管理、研究开发、行政执行等任务。围绕着经济发展，除了日本经济产业省外，还有石油天然气金属矿物资源机构、新能源产业技术综合开发机构、工业所有权情报研修馆、中小企业基盘整备机构、日本贸易振兴机构、经济产业研究所、产业技术综合研究所等机构在发挥作用。以日本贸易振兴机构为例，日本存在大量有意向国际化发展的中小企业，苦于“单兵作战”不熟悉他国政策及潜在风险，该机构便出面牵头与其他国家机构对接，协调详细的“走出去”的政策、必要的基础设施等，极大降低了中小企业海外发展的风险。

三、我国制造业在高质量发展方面的差距及原因分析

经过几十年的工业化历程，我国制造业取得长足发展，中国制造享誉全球，通信网络、高速铁路、风电光伏、建筑机械等行业设备远销海外，在数字经济领域的模式创新也走在国际前列，但在精密仪器、上游零部件、关键材料和设备等需要长期积累和连续式创新的领域，相比日本还有很多不足。

（一）与日本等制造强国相比还有较大差距

一是一些产业未形成合理的市场结构，产品质量相对不足。一些产业存在大量“零、小、散”企业，没有形成规模效应和合理的市场结构。例如我国的轴承企业超过一万家，新能源汽车企业有二百多家，低水平、同质化竞争激烈。二是工业基础能力薄弱。我国零部件领域的基础能力和工艺水平存在短板，进而影响到高端装备、机床、汽车、集成电路等产业发展。三是国内产业上下游协同不足。上下游间不信任现象突出，一些整机制造企业不采购国内设备，一些国内设备企业不使用国内零部件配套，一些零部件企业不使用国内原材料。此外，一些地方商业环境不佳，企业间相互压价，甚至大企业拖欠中小企业尾款现象也屡有发生。

（二）粗放式发展环境下的后发劣势是制造业表现不佳的深层次原因

我国制造业发展质量相对不高，是多重因素导致的，既有自身环境原因，又有后发劣势原因，不同原因间又互相影响，陷入低水平重复陷阱。

1. 制造业发展环境欠佳

一是一些企业运营浮躁。制造业企业发展过程中诱惑太多，尤其是近二十年的房地产业持续繁荣，近十年的互联网和金融造富运动，带来很强的挤出效应，使得一些制造业企业无法集中精力专营主业。二是部分家族企业难以顺利传承，很多“二代”不愿从事制造业，原本有优势的企业缺乏持续发展的动力，从而在激烈竞争中衰落。三是知识产权保护力度相对较弱，对企业侵权行为的惩罚力度较低，导致企业不注重基础研究和技术研发。四是企业内部人员流动性较大，不注重员工的长期培养和潜力开发，技工较难专注于一项技术的精进和提升。五是目前尚未形成对隐形冠军长期培养的环境氛围。

2. 后发劣势阻碍制造业迈向高质量

制造业发展不同于数字经济等新产业，二者国内外竞争格局和竞争激烈程度大为不同。当前先进制造业在美国、日本和德国已成体系，我国的制造业高质量发展存在后发劣势。

后发劣势有三种，一是技术劣势。制造业技术不是颠覆性技术，更多是靠长期积累，我国相当一部分制造业相比日本，积累太少，研发能力不足，很难进入高端市场。二是成本劣势。先进入市场的企业往往规模很大，成本也因规模效应而大幅降低，后进入市场的企业规模很小，具有成本劣势，很难争取到足够多的市场份额，加之可能会遇到国外大企业的市场打压，从而陷入恶性循环状态。三是上下游协同发展劣势。例如日本工业机器人和汽车制造业之间高度耦合发展，令其他企业无法进入日本工业机器人市场。再如主业是轴承制造的日本精工，与日本造船、机器人、家电、洗衣机、汽车等产业协同发展，当后者发展初具规模后，日本精工也跟随发展起来，类似地，为日本精工做配套的中小企业也可发展起来，作为一个生态体系整体向前推进。反观我国，这种上下游配套协同发展的环境仍有所欠缺。四是市场劣势。有的产业某些环节的市场规模狭小，只能容纳少数几家企业，在后发企业进入市场前，市场基本已被先发者占领，因而后发企业被消费者或产业链上下游其他环节接受的难度较大，在开拓市场时存在相当大的阻力。

四、促进我国制造业高质量发展的四点建议

处于后发劣势的领域取得发展和突破，需要各种条件的配合。比如一些数字产业发展时，因起步早，市场格局尚未确定，未遇到国外强劲竞争对手，在我国强大市场需求下便可脱颖而出；一些产业在弱小时，凭借劳动力成本优势和市场需求优势，从代工贴牌，到最后自立品牌，取得突破；再如与国外下游产业合作，取得订单，然后慢慢向上突破；或者用其他业务的盈利来支持其主营业务研发或直接在国际市场上收购核心技术，以便与国外强大对手竞争。回过头来看，家电家居、纺织鞋帽、通信装备和数字经济，都是这样发展起来的。因此，在“前有标兵，后有追兵”背景下，我国制造业高质量发展的总

体思路是，采取各种措施，加速后发劣势领域脱离低水平重复陷阱，然后专注于这些领域不断精进，进而控制产业链中附加值高和技术含量高的关键环节。

（一）鼓励企业参与全球产业链分工，充分利用技术外溢效应取得突破，提高技术创新能力

一是平衡好国产化与全球化的关系。利用当前日本企业“买中国、雇中国、卖中国”模式（即原材料和零部件来自中国，员工来自中国，制成品卖到中国市场），主动参与其上游产业链，通过合作研发等方式掌握该领域核心技术，从产业链上游取得突破，进而向产业链下游延伸。二是利用我国强大市场优势，在高铁设备、通信装备整机等高端装备制造领域，通过技术外溢效应，学习吸收国外先进的上游产业核心技术。三是继续鼓励代工企业加大研发和自建品牌，进行突破。四是加强与国外单项冠军小企业（特点是规模小、技术好、市场有限）的合作，利用好其技术和人才，实现共赢。

（二）培育重视质量的环境和精神

制造业高质量发展，除了设备和工艺外，人的作用也至关重要，需要三者的有机统一。一是倡导工匠精神，鼓励企业采用多种形式留住老员工，激励员工专心从事本岗位工作，专注技术提升，不断积累和改进。二是做好质量建设工作，完善质量认证体系和质量管理体制，高度重视通过质量控制体系、精益制造等理念提升质量管理的能力，倡导企业形成重视质量的优良传统。三是稳地价、稳房价、稳预期，让企业和员工浮躁的心重新聚焦在主业上。四是继续加强知识产权保

护的力度，提高维权效率和侵权成本。五是探索制造类企业员工个人所得税优惠政策，鼓励优秀人才流向制造业。

（三）形成大中小企业协作发展的环境

借鉴日本的《中小企业基本法》，完善我国中小企业政策体系，加强对创业、创新的扶持，确保中小企业的经营资源。一是完善有利于上下游产业协同发展的体制机制，支持大中小企业和各类主体融通创新，鼓励上下游之间国产化配套，深化国有企业改革，鼓励国产化采购。二是维持良好的行业秩序，切实保护各类企业在商业运营方面的利益，严控大企业滥用市场支配地位的行为，坚持打击不正当竞争，切实保护合同执行。三是形成上下游伙伴关系的理念，激励企业维护商业信用和名誉。

（四）加强政府及行业协会的作用，集中优势突破一批关键技术

要优化政府的产业政策。后发国家要克服后发劣势，必须有产业政策做支撑，并且要根据国际产业格局变化相应地调整产业政策。一是产业政策要更多向研发倾斜，构建关键核心技术攻关的新型举国体制，鼓励在一些关键领域和环节加大基础研究投入，从而度过艰难起步期，脱离低水平重复陷阱。二是政策扶持要有明确的“落日条款”（对政策有效期的规定），激励企业尽快提高竞争力，提高企业的危机意识。三是对产业组织合理调整和改善，既要防垄断，又要防止无序竞争，加强区域产业布局规划的协调，防止出现低水平重复布局和地方一哄而上的现象，鼓励适度合并，规模化发展，提高竞争能力。

要有效发挥行业协会的作用。行业协会是行业形象和企业利益的

代言人，更了解企业需求，且工作机制灵活，开展行业内部协调沟通业务或行业外交有独特优势，也更符合国际规则。要加强行业协会在协助企业“走出去”、协助企业开展第三方调研、牵头国内行业标准制定和协调沟通国际标准互认等方面的作用，同时应深化行业协会改革并加强监管。

执笔人：产业部课题组